A MAIOR AÇÃO DO MUNDO

A HISTÓRIA DA *CLASS ACTION* CONTRA A PETROBRAS

Dados Internacionais de Catalogação na Publicação (CIP)
(Maria Inês Giaj-Levra CRB:9519)

Almeida, André de

A maior ação do mundo : a história da Class Action contra a Petrobras / André de Almeida. --1. ed.-- São Paulo : SRS Editora, 2018.

Bibliografia.

ISBN 978-85-98030-94-4

1. Class Action - Procedimentos - Ação indenizatória - Petrobras 2. Aspectos históricos - Corrupção - Operação Lava Jato - 3. Investimento na Bolsa de Valores USA - Petrobras. I. André de Almeida II. Título

CDD : 347.053

Índices para Catálogo Sistemático:

Petrobras – Class Action : Ação Indenizatória :
Corrupção : Investimento na Bolsa de Valores USA

347.053

A MAIOR AÇÃO DO MUNDO

A HISTÓRIA DA *CLASS ACTION* CONTRA A PETROBRAS

ANDRÉ DE ALMEIDA

A MAIOR AÇÃO DO MUNDO

A história da *Class Action* contra a Petrobras

André de Almeida

Capa: Rubens Lima
Produção gráfica: Cármine Mário Santangelo

www.srseditora.com.br

SRS Editora Ltda.
Rua Leme da Silva, 286 – Cep: 03182-030
Parque da Mooca - São Paulo - SP - Brasil
Tel/Fax: (11) 2606-8875

Impresso no Brasil

Printed in Brazil

2018

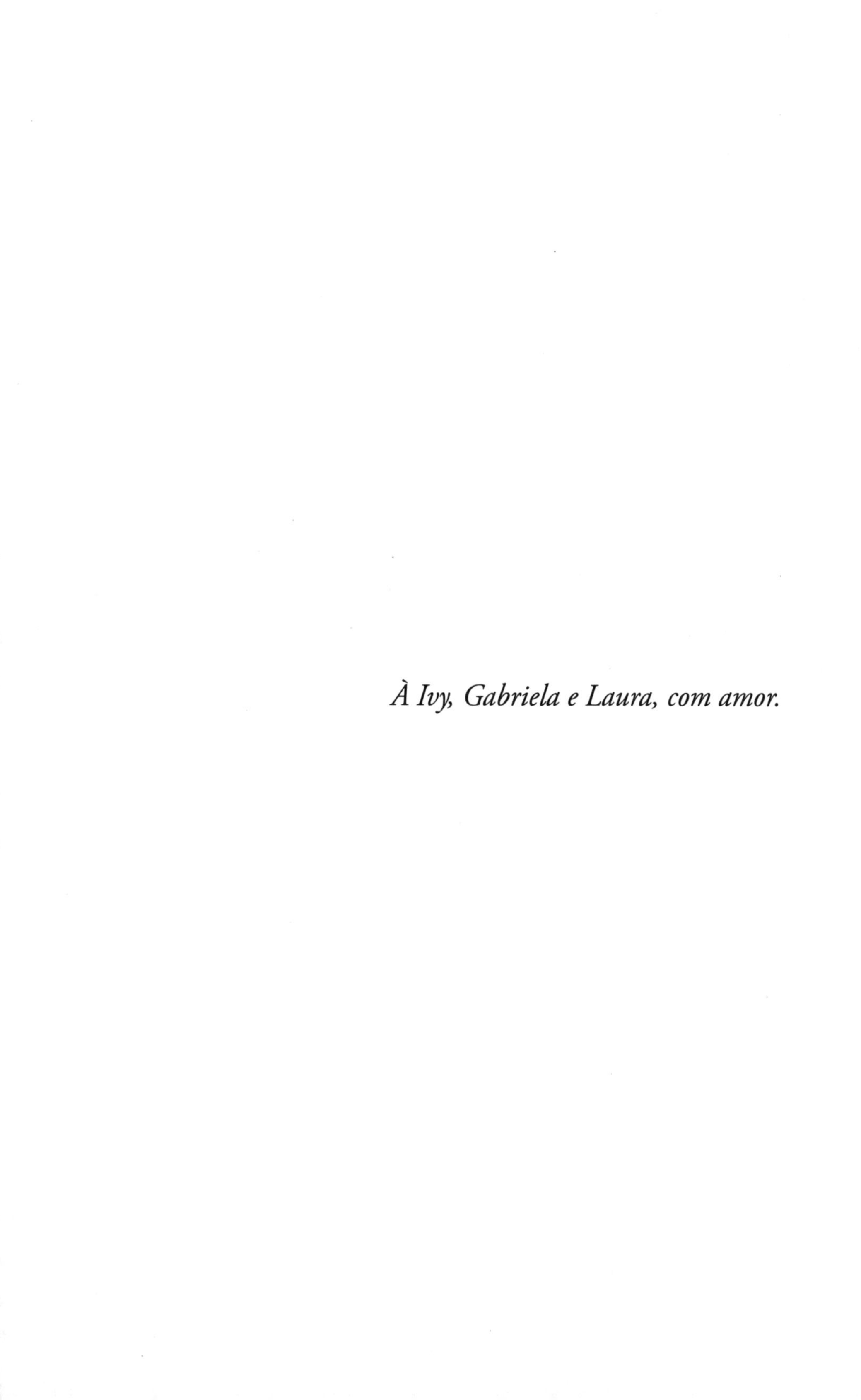

À Ivy, Gabriela e Laura, com amor.

Apresentação

O Instituto dos Advogados de São Paulo não é somente a mais antiga instituição jurídica associativa do Estado de São Paulo, fundada em 29 de novembro de 1874, mas foi o IASP que deu origem à Ordem dos Advogados do Brasil, Secção de São Paulo, em 22 de janeiro de 1932, e como a Casa do Jurista, continua congregando os principais professores, advogados, magistrados e membros do Ministério Público do País.

Dentre esse quadro associativo notável do Instituto dos Advogados de São Paulo, destaca-se a liderança do Advogado André de Almeida, que também é Conselheiro do IASP e foi Presidente da Federação Interamericana de Advogados.

O saudoso Sobral Pinto sempre destacou que "a Advocacia não é uma profissão para covardes".

Este livro retrata isso. E muito mais.

Coube ao Advogado André de Almeida não somente coragem, mas uma apurada técnica e estratégia, decorrente da sua formação, experiência profissional internacional e o amplo conhecimento do sistema jurídico norte-americano, para que houvesse eficiência na apuração de danos e reparação de prejuízos num dos mais tristes episódios da história do Brasil.

Portanto, além do objetivo de contar a trajetória da *class action* ajuizada pelos investidores estrangeiros que adquiriram ações da Petrobras negociadas na Bolsa de Nova York, este livro tem uma narrativa minuciosa que bem retrata o poder de uma ideia.

O Advogado André de Almeida ousou. Pensou e colocou em prática a utilização da *class action* como instrumento de garantia e proteção para os investidores, dando um exemplo da importância e da necessidade da utilização da tutela coletiva para solucionar um problema que atinge dezenas, centenas ou milhares de pessoas. Essa também é uma inspiração para que o Brasil possa evoluir numa lei que permita tal utilização, como bem exposto no capítulo III.

Todo o instrumento é apenas um meio, sendo certo que a *class action* foi o meio eficaz para demonstrar a responsabilidade da empresa por atos de corrupção praticados por seus executivos. Diante da confissão, de muitos deles, da prática dos atos de corrupção, restou caracterizar o nexo de causalidade entre os atos praticados e o prejuízo para os investidores.

E nesse aspecto foi determinante a diretriz do Advogado André de Almeida para destacar que os princípios éticos devem ser observados na atividade empresarial, por serem princípios essenciais para a inserção do Brasil no contexto econômico mundial, sendo a partir da violação desses princípios que houve a demonstração da prática de vários atos ilícitos que serviram de fundamento para a ação judicial.

A atuação ética e transparente transmite credibilidade, permitindo a confiança no investimento.

Por isso, o capítulo Petrobras, na história do Brasil, graças ao sucesso do Advogado André de Almeida, deverá ser lembrado como a grande virada para o estabelecimento de regras de transparência, responsabilidade e de *compliance* para qualquer empresa com atuação internacional, bem como a necessidade prioritária de alcançar segurança jurídica, sem a qual, o País não avançará.

José Horácio Halfeld Rezende Ribeiro

Presidente do Instituto dos Advogados de São Paulo

Sumário

Uma breve homenagem a Paulo Francis

Na mitologia grega, a figura de Cassandra, filha de Príamo e Hécuba, que reinavam sobre Tróia, tinha a singular habilidade de prever o futuro.

Entretanto, apesar do dom da profecia, Cassandra não conseguiu escapar à maldição lançada pelo deus Apolo, a quem negou entregar-se. A partir de então, ninguém acreditou mais em suas previsões. Ato contínuo, suas premonições sobre a queda e a destruição de Tróia foram ignoradas, levando a cidade à ruína.

É espantoso notar que o mito grego encontra paralelo na história recente, personificado pelo jornalista Paulo Francis, falecido há 20 anos. Em 1996, ele foi o primeiro a denunciar na imprensa a existência de corrupção na Petrobras. Seu ato de bravura desencadeou, em resposta, uma campanha orquestrada de desmoralização de sua figura, bem como uma ação judicial multimilionária contra ele.

Impotente, diante de tão grandes interesses, o jornalista, segundo relatos de amigos, entrou em profunda depressão. Morreu subitamente, alguns meses depois, desacreditado e injustiçado, paradoxalmente por dizer a verdade.

Décadas mais tarde, a Operação Lava Jato iria vindicar-lhe, mostrando, finalmente, que "Paulo Francis tinha razão. E agora?".[1]

"E agora, José?", nos perguntamos, citando Carlos Drummond de Andrade, diante da angustiante situação do país. Como no famoso poema, somos obrigados a perceber que a festa acabou, que não veio a utopia e que tudo mofou.

Que o exemplo de coragem e grandeza de Paulo Francis sirva, em tempos turbulentos, de guia para responder às perguntas feitas de forma tão ansiosa pela sociedade brasileira.

---

[1] Jornal do Brasil. *Paulo Francis tinha razão. E agora?* Disponível em: http://www.jb.com.br/opiniao/noticias/2015/04/23/paulo-francis-tinha-razao-e-agora

Prefácio

O objetivo desta obra é contar, sob uma perspectiva pessoal, a história da *class action* ajuizada pelos investidores estrangeiros que adquiriram ações da Petrobras negociadas na Bolsa de Nova York. A ação surgiu em decorrência da abrupta perda no valor dos investimentos, por conta do escândalo de corrupção sistêmica revelado no âmbito da Operação Lava Jato (In Re: Petrobras Security Litigation, a "*Class Action*").

Trata-se de uma ação judicial inédita e emblemática, cuja importância ultrapassa em muito os significativos valores envolvidos que, per se, a colocam entre as dez maiores ações de reparação do mundo.[2]

---

[2] Embora as partes tenham acordado, ao final, em uma indenização de 2,95 bilhões de dólares, os valores envolvidos inicialmente na disputa eram ainda maiores, conforme já noticiado pela mídia, e se previa que poderíamos estar diante da maior de reparação em curso no mundo, superando mesmo o escândalo da ENRON, o que justifica o título desta obra. (cf. O Globo. *Petrobras pode pagar multa superior a US$ 7 bilhões*. Disponível em: https://oglobo.globo.com/brasil/petrobras-pode-pagar--multa-superior-us-7-bilhoes-nos-eua-19447745).

Em verdade, sua relevância só pode ser verdadeiramente avaliada ao levarmos em conta o fato de que a *Class Action* tem como pano de fundo uma série de questões complexas e fundamentais. Ela exemplifica como o direito atual deve responder às exigências da globalização econômica e como, cada vez mais, será impossível evitar a responsabilização (não apenas criminal, mas também cível) decorrente do cenário de corrupção endêmica que, lamentavelmente, foi até muito pouco tempo atrás tolerado por grande parte de nossa sociedade.

Ademais, do ponto de vista pessoal, a *Class Action* foi um dos mais importantes eventos de minha trajetória profissional, representando, portanto, um elemento de conexão entre minhas ações individuais e questões de relevância histórica – razão pela qual merece registro.

Embora fosse possível escrever um relato estritamente técnico-jurídico acerca da causa, esta abordagem não acrescentaria muito às informações que constam dos autos – e ainda seria incompleta, justamente porque nela estariam ausentes esclarecimentos sobre sua concretização. Assim, surgiu a opção por uma abordagem mais ampla, que permitirá melhor compreensão do tema.

Com efeito, desde sempre, fui defensor intransigente dos mais altos padrões de ética nas atividades econômica e profissional, o que me permitiu seguir a lição de Victor Hugo diante dos desafios encontrados do decorrer da vida jurídica: mudei de opinião quando necessário, sem jamais alterar meus princípios; troquei as folhas da árvore, mantendo intactas minhas raízes.

Nesse contexto, a inserção de um breve histórico de minha trajetória pessoal e profissional não tem como finalidade qualquer espécie de promoção. Ao contrário, o objetivo é exatamente o de mostrar o lado humano desse desafio, com seus esforços, incertezas, desacertos e, felizmente, sucessos. Espero que este relato possa ser útil a estudantes e profissionais que eventualmente venham a demonstrar interesse pelo tema. A eles, desde já, desejo uma ótima leitura.

Introdução

Aqueles que atentaram à singela homenagem prestada a Paulo Francis no início desta obra perceberam que a Petobras tem um histórico de reações impiedosas face a seus oponentes. Não foi diferente na *Class Action*, em especial diante dos interesses direta e indiretamente envolvidos.

Assim como todos os que trabalhavam no caso, eu estava ciente de que nossa situação, sobretudo ante a capacidade econômica da companhia, era tão desigual quanto a luta travada entre Davi e Golias. Entretanto, bem como Davi, tínhamos ao nosso lado a coragem e a certeza de que estávamos lutando por uma causa justa.

Em sua defesa, a empresa jogou pesado. Na primeira oportunidade de se manifestar nos autos, representada pelo poderoso escritório nova-iorquino Cleary Gottlieb Steen & Hamilton, tentou aniquilar a ação, apresentando uma *motion to dismiss*, que em termos gerais pode ser explicada como um procedimento similar à alegação de inépcia da petição inicial.

Diante da complexidade do caso e do poder de fogo do adversário, havia o receio de que a Petrobras conseguisse seu objetivo e de que o juiz Jed S. Rakoff, da United States District Court for the Southern District of New York, não tivesse a exata compreensão da causa – afinal, não era apenas uma ação qualquer, e sim um exemplo de como as práticas heterodoxas da política brasileira não conseguem mais existir no contexto ortodoxo da economia global. Além disso, o caso estava diretamente conectado à maior crise política, econômica e moral já enfrentada pelo Brasil.

Precisávamos demonstrar não só que a petição inicial estava correta tecnicamente, mas também que, para além da qualidade jurídica, ela estava inserida num cenário político, social e cultural extremamente complexo – e estranho ao juiz da causa. Estávamos, portanto, em uma situação-limite.

Felizmente, o povo brasileiro ajudou, manifestando-se nas ruas e iniciando um movimento que levou, ao fim e a cabo, ao *impeachment* da presidente Dilma Rousseff, afastada do cargo em 31 de agosto de 2016.

Num ato de coragem, o escritório americano Wolf Popper, associado a nós, do Almeida Advogados, concluiu ser importante fornecer ao juiz uma visão abrangente, que expusesse as consequências políticas que o escândalo da Petrobras havia gerado para o Brasil. A estratégia foi a de focar menos nas questões jurídicas, e mais na contextualização da ação.

Entendemos que esta seria a única forma de rebater a *motion to dismiss* e seguir com a demanda judicial – que, além de dizer respeito ao maior caso de fraude do mercado de capitais do mundo, teria consequências diretas para o futuro da cultura empresarial da sociedade brasileira.

Daí o texto um tanto poético da manifestação, que reproduzo a seguir:[3]

1. Em 15 de março de 2015, cerca de um milhão de brasileiros ocuparam as ruas de cidades em todo o país, exigindo o *impeachment* da então presidente Dilma Rousseff, reeleita por uma pequena margem de votos para um segundo mandato no final de outubro de 2014. Tais manifestações foram desencadeadas pelo enorme escândalo quando se tornou público o esquema de corrupção existente na Petrobras, gigante do petróleo controlada pelo governo federal e na qual Rousseff havia servido como Presidente do Conselho de Administração entre os anos de 2003 e 2010.

2. No auge da companhia, em 2009, a Petrobras chegou a ser a quinta maior empresa do mundo, atingindo valor de mercado de US$ 310 bilhões. Em meio ao escândalo de corrupção e lavagem de dinheiro, o valor caiu para apenas US$ 39 bilhões.

3. Até o momento desta ação, vários executivos da empresa já foram presos, e políticos poderosos, de diversos partidos, incluindo o Presidente da Câmara dos Deputados, foram interrogados. De acordo com o Ministério Público Federal, as construtoras e empresas de engenharia pagaram cerca de US$ 800 milhões a executivos da Petrobras nomeados por políticos, em troca de contratos lucrativos com a petrolífera,

[3] Tradução livre.

beneficiando o cofre de campanha do Partido dos Trabalhadores (PT). Os executivos da Petrobras que receberam os subornos embolsaram grandes somas de dinheiro. Um gerente da empresa, Pedro Barusco, concordou em devolver quase US$ 100 milhões escondidos em contas *offshore*. Os executivos também disseram que canalizaram para o PT parte dos valores, que teriam sido usados na campanha eleitoral de Rousseff em 2010.

4. A própria companhia deixou de negar a existência de corrupção generalizada, além de assumir a dilapidação de seus ativos. Em comunicado à imprensa para explicar por que havia atrasado a divulgação de seus demonstrativos financeiros, a Petrobras informou que estava "passando por um momento único em sua história", diante das investigações da Operação Lava Jato, conduzida pela Polícia Federal, que resultou em denúncias de lavagem de dinheiro e crime organizado.

5. A fraude no epicentro desta ação envolve o maior escândalo de corrupção e lavagem de dinheiro do país, por meio do qual os empreiteiros contratados pela Petrobras colaboraram entre si para inflar o preço de seus serviços, enquanto executivos da empresa recebiam suborno e compartilhavam o produto do crime com políticos. As autoridades estimam que o esquema tenha desviado um valor superior a US$ 28 bilhões dos cofres da Petrobras. Além dos altos executivos da Petrobras, o esquema ilegal de suborno também envolvia políticos e um grupo de pelo menos 16 empresas que formaram

um cartel, assegurando que seus membros ganhassem os principais contratos da companhia. De acordo com o Ministério Público e a Polícia Federal, os executivos da Petrobras superfaturavam os contratos firmados com tais empresas brasileiras, sistematicamente, em até 20%. Depois de obterem os contratos, as empresas de construção civil repassavam até 3% do valor total do contrato, na forma de suborno, aos executivos da Petrobras e, por meio de operações de lavagem de dinheiro, aos políticos.

6. Dentre as dezenas de suspeitos detidos pela Polícia Federal em conexão com o esquema de lavagem de dinheiro e suborno na Petrobras está Alberto Youssef, um doleiro que colaborou com as investigações. A Polícia Federal descobriu a ligação com a Petrobras depois que começou a investigar R$ 10 bilhões (US$ 3,8 bilhões) em transações financeiras suspeitas envolvendo Youssef (essas transações já estavam sob investigação pelo COAF, o Conselho de Controle de Atividades Financeiras). Youssef foi considerado o operador do esquema e teve a sentença reduzida em virtude de uma delação premiada.

7. Além dos executivos da Petrobras, vários altos executivos de algumas das maiores construtoras do Brasil também foram presos e estão respondendo a processos por atos de corrupção. Em 13 de fevereiro de 2015, foi revelado que cerca de 2.000 funcionários da Petrobras estavam sob investigação, um reflexo da natureza generalizada e desenfreada da fraude.

8. Dentre os executivos da Petrobras presos pela Polícia Federal estão Paulo Roberto Costa e Renato de Souza Duque. Costa, membro da alta administração da Petrobras, foi Diretor de Abastecimento da companhia entre 14 de maio de 2004 e abril de 2012. Nesta posição, era o principal executivo responsável pela área de refino da Petrobras, reportando-se diretamente ao presidente da empresa. Também foi membro da alta administração da Petrobras, como Diretor de Serviços da companhia de 31 de janeiro de 2003 a fevereiro de 2012. Duque foi ainda responsável pela área de engenharia da Petrobras, tendo trabalhado em estreita colaboração com a divisão de refino da empresa. Costa e Duque rotineiramente enviavam os contratos implicados no esquema de suborno à diretoria executiva da Petrobras para aprovação. Costa está cooperando com a investigação levada a cabo pelo governo brasileiro.

9. As autoridades brasileiras prenderam outro ex-executivo da Petrobras, Nestor Cerveró. Cerveró é um ex-diretor financeiro da subsidiária de distribuição de combustível da companhia e também um ex-diretor de sua divisão internacional. Foi forçado a sair da Petrobras em março de 2014, em meio a questionamentos sobre o que os promotores afirmam ser um preço extraordinariamente alto pago em 2006 à Astra Oil, da Bélgica, pela compra de uma refinaria no Texas. O Ministério Público Federal afirmou que Cerveró foi preso devido a seu "envolvimento em novos fatos ilícitos relacionados aos crimes de corrupção e lavagem de dinheiro".

10. Em março deste ano, o escândalo finalmente atingiu um membro do núcleo próximo de Rousseff. O "Wall Street Journal" informou que, em 16 de março de 2015, os procuradores apresentaram acusações contra o tesoureiro do Partido dos Trabalhadores, João Vaccari Neto. Procuradores também denunciaram Renato Duque, ex-diretor de serviços, que liderou o departamento responsável pela maior parte dos investimentos da Petrobras. Esta foi a segunda vez que Duque foi preso. Por sua vez, o tesoureiro Vaccari foi acusado de corrupção e lavagem de dinheiro relacionada a doações de campanha alegadamente ilegais que, segundo os promotores, teriam sido repassadas por Duque. Ele, por sua vez, enfrentará as mesmas acusações. De acordo com o Procurador da República Deltan Dallagnol, "trata-se de um esquema sofisticado e complexo de lavagem de dinheiro que foi concebido para dar a aparência de legalidade a valores de origem ilegal... Esses recursos não eram ilegais apenas por serem pagamentos de subornos, mas porque eram o produto de fraudes em processos de licitação". Dallagnol disse que Duque solicitava "doações" das empresas, enquanto Vaccari indicava as contas bancárias em que deveriam ser depositadas. Dallagnol afirmou também que os promotores têm provas concretas de que Vaccari participou de encontros com Duque e seu gerente, Pedro Barusco, para discutir subornos e doações de campanha. Vaccari estava ciente de que as doações eram provenientes de subornos, disse Dallagnol, explicando que grande parte das provas foi obtida a partir de acordos de delação

firmados por executivos denunciados e presos no final do ano passado. Outro ex-executivo da Petrobras, Pedro Barusco, afirmou em audiência no Congresso que o Partido dos Trabalhadores recebeu até US$ 200 milhões advindos de contratos da Petrobras.

11. Os principais executivos da Petrobras encobriram o esquema com a companhia, que continuamente negou a existência de irregularidades, mantendo os investidores no escuro quanto aos atos de corrupção existentes nas operações da empresa.

12. Em 16 de março de 2015, as investigações na Petrobras já haviam resultado em 40 denúncias de corrupção e lavagem de dinheiro. O Ministério Público Federal requereu ao Supremo Tribunal Federal autorização para investigar 34 políticos, incluindo os presidentes das duas casas do Congresso Nacional, por suspeita de terem recebido valores ilegais. Youssef testemunhou que o esquema de suborno e lavagem de dinheiro foi desenfreado em toda a Petrobras e suas subsidiárias, e que o conselho de cada subsidiária dividia o dinheiro de suborno com políticos.

13. O esquema de lavagem de dinheiro e suborno foi duradouro e generalizado. Como resultado, e, conforme explicado em mais detalhes a seguir, a Petrobras pode ser obrigada a diminuir o valor contábil de seus ativos em US$ 30 bilhões, o que equivale a mais de metade do valor de mercado da companhia.

14. A Petrobras atualmente é objeto de investigações civis e criminais também nos Estados Unidos, pela Securities and Exchange Commission (SEC) e pelo Departamento de Justiça dos EUA (DOJ). As investigações nos EUA se concentram no esquema de corrupção, na regularidade da contabilidade e nos sistemas de controle interno da Petrobras. Em 24 de novembro de 2014, a Petrobras anunciou que tinha recebido uma intimação da SEC solicitando documentos relacionados à investigação. Supostamente a SEC também vem recebendo informações, desde outubro de 2014, da força-tarefa encarregada pelas investigações no Brasil.

O texto era, então, um ato de coragem, mas também uma reação calculada face a uma situação crítica. Como em toda situação em que se aposta tudo, não teríamos chance de errar o alvo.

Estaria a Justiça americana preparada para aceitar tal causa?

Quando a resposta chegou, semanas mais tarde, soubemos que nossa bala de prata não havia sido disparada em vão.

Bull's eye!

CAPÍTULO I

Pensando o impensável: técnica, coragem e criatividade

A situação descrita na introdução deste livro cristaliza a tensão pela qual passamos diante da reação da Petrobras à *Class Action*. Tivemos que conceber estratégias habilidosas e inteligentes, perante um oponente tão poderoso, num tribunal estrangeiro.

Entretanto, antes de explicar como atingimos esse ponto, é sensato contar passo a passo essa história, desde o surgimento da ideia. Vale a pena relatar as dificuldades que encontramos para sua concretização, bem como os desafios inerentes a se desbravar um percurso e, por fim, chegar onde ninguém, até então, havia chegado.

1. A FORÇA DE UMA IDEIA

A ideia da *Class Action* surgiu no primeiro semestre de 2014, em decorrência das revelações feitas no âmbito da Lava Jato, a operação da Polícia Federal que começou a desvendar o esquema de corrupção sistêmica que havia se instalado na Petrobras.

Ficou claro para mim que as repercussões daquelas investigações seriam importantíssimas, pois haveria um reflexo econômico não só no Brasil, mas também no exterior, em função da negociação das ações da Petrobras na Bolsa de Nova York.

A empresa se posicionava como vítima, justificativa que não se sustentava diante da gravidade dos fatos e que, por evidente, não seria aceita nos Estados Unidos. A corrupção estava integrada demais às atividades institucionais da Petrobras, envolvendo diversos de seus executivos estatutários.

Uni os pontos: o esquema de corrupção levado a cabo no país havia gerado enormes prejuízos aos investidores no exterior. Estes, por sua vez, contavam com um mecanismo jurídico – inexistente no Brasil, mas amplamente utilizado na Justiça norte-americana – para reaver seus investimentos. O mecanismo em questão era a *class action* (em tradução livre, ação de classe).

Como já afirmou Steve Jobs, "a criatividade consiste em conectar o que aprendemos no passado para criarmos algo novo" – neste caso, algo que nunca havia sido tentado.[4]

Era uma ideia ousada, difícil de ser implementada. Por esta razão, inicio este capítulo explicando quais seriam os pontos a serem "ligados" para sua concretização.

---

[4] Anteriormente, apenas duas empresas Brasileiras (a Sadia e Aracruz) haviam sido rés, em *class actions*, nos Estados Unidos. No entanto, ambos os casos, que terminaram em acordo, foram substancialmente diferentes, uma vez que não tinham como base atos de corrupção, mas sim a acusação de que as mesmas teriam ocultado, em suas demonstrações, riscos relativos a alguns de seus investimentos no mercado financeiro.

2. O INSTITUTO DA CLASS ACTION

A primeira questão que demandava análise era o próprio instituto da *class action*, que sempre me fascinou intelectual e juridicamente.

Eu sabia que os efeitos econômicos de uma *class action* poderiam ser enormes, embora difíceis de se mensurar num primeiro momento. Acreditava que uma *class action*, nestes termos, poderia ser viável não só do ponto de vista jurídico, mas também econômico, já que meus conhecimentos apontavam para o potencial multiplicador dessas causas, por ensejarem a decisão de inúmeros casos idênticos, aplicando a decisão judicial a muitos que não participaram da ação.

Comecei então a refletir sobre a possibilidade de concretizar tal ação.

Cabe explicar um pouco mais sobre este instituto processual do direito norte-americano, que nem sequer tem tradução exata para o português.

Em verdade, nenhum dos instrumentos de tutela coletiva previstos em nosso direito processual – sejam eles a ação civil pública, prevista na Lei 7.347/85, o mandado de segurança coletivo, disciplinado pela Lei 12.016/09, ou as inovações acerca da tutela coletiva dos interesses individuais homogêneos, trazidas pela Lei 8.078/91 (Código do Consumidor) – criaram um mecanismo similar à *class action*.

Do ponto de vista estritamente jurídico, a *class action* é uma espécie de ação coletiva prevista na legislação norte-americana e que permite a uma classe composta por pessoas que sofreram o mesmo prejuízo, ou prejudicadas pelo mesmo fato – e que, portanto, possuem um interesse em comum –, pleitear, em conjunto, uma indenização pelos danos sofridos. Sua adequação restringe-se àquelas hipóteses em que a união de todos os que poderiam ser partes em um mesmo processo (que se afirmam titulares da lide levada ao Estado-juiz, portanto) não é plausível, porque o número de pessoas poderia chegar até mesmo a milhões, dando ensejo a dificuldades insuperáveis quanto à jurisdição e à competência. A *class action*, pois, soluciona esta situação.[5]

Na doutrina americana, a *class action* é definida como um instrumento processual que possibilita que um ou mais autores ajuízem uma ação representando um grupo maior, ou classe. Tal instrumento permite que o Poder Judiciário administre ações que seriam impossíveis de se concretizar caso fosse necessário que cada um dos membros da classe fosse um litisconsorte formal.[6]

Historicamente, o conceito da *class action* começou a ser desenvolvido na Inglaterra, no século XVII, nas denominadas Equity Courts, cortes que decidiam com base no princípio da equidade e que instituíram, na prática, a possibilidade das *Bills of Peace*, ações envolvendo um número tão grande de litigantes que a participação de todos acabaria por tornar o processo impraticável. Assim, umas poucas partes representavam os

---

[5] ALVIN NETTO, José Manoel de Arruda. *Tratado de Direito Processual Civil*, vol. I, São Paulo: RT, p. 37.

[6] No original: *A class action is a procedural device that permits one or more plaintiffs to file and prosecute a lawsuit on behalf of a larger group, or "class". Put simply, the device allows courts to manage lawsuits that would otherwise be unmanageable if each class member (individuals who have suffered the same wrong at the hands of the defendant) were required to be joined in the lawsuit as a named plaintiff.* Legal Information Institute. Disponível em: https://www.law.cornell.edu/wex/class_action. Acesso em 10.07.17.

interesses da totalidade de interessados, permitindo que todos fossem beneficiados pela decisão.

No direito norte-americano, a adoção do instituto foi defendida por Joseph Story, membro da Suprema Corte entre 1811 e 1845, ao propor que "todas as pessoas materialmente interessadas, sejam como autores ou réus, no tocante a questão discutida, devem ser consideradas partes da ação, não importando quão numerosas sejam, de modo que a corte possa, decidindo a questão entre as partes, prevenir o surgimento de uma multiplicidade de novas ações".[7]

A ideia desde sua origem, portanto, era possibilitar a decisão de uma causa coletiva por meio de um instrumento processual eficiente que permite, a um só tempo: (I) abarcar o maior número de pessoas na mesma situação; (II) evitar a existência de decisões contraditórias; (III) garantir que até mesmo os que não participaram da causa tenham seus direitos defendidos, e (IV) propiciar aos litigantes (e ao Poder Judiciário) economia de tempo e dinheiro.

O surgimento de tal mecanismo, necessariamente, implicou na mitigação do princípio processual adotado pelo direito norte-americano denominado *necessary parties rules*, segundo o qual a decisão do processo poderia apenas afetar as partes formalmente nele envolvidas.

De todo modo, as ações por meio de representantes (ou *representative parties*) existiam há muito no *common law* americano. Mesmo assim, a *class action* surgiu como um conceito

[7] *West v. Randall* (29 F. Cas. 718 (R.I. 1820).

revolucionário, uma vez que criou um novo mecanismo processual que permitiria ao Poder Judiciário viabilizar a solução de demandas decorrentes de danos sofridos por um enorme número de pessoas geograficamente dispersas, de forma relativamente simples e econômica.

Em 1842, a Suprema Corte promulgou a Equity Rule 48, pela qual adotava algumas ideias fulcrais do instituto da *class action*. Reconhecia então a possibilidade de ações coletivas por meio de partes representantes em casos em que os afetados eram por demais numerosos para ingressarem no feito de maneira conveniente.

Mais tarde, em 1938, as normas processuais norte-americanas adotaram a denominada Rule 23, disciplinando a *class action*. A principal alteração, ocorrida em 1966, definiu os critérios básicos aplicáveis às *class action* – em especial, os seguintes: *numerosity* (a classe representada deve ter número de membros tal que sua participação direta no processo seria impraticável); *commonality* (a existência de questões de fato e de direito comuns a todos, de forma que uma única decisão judicial possa contemplar toda a classe); *typicality* (a questão levada à corte representa um caso típico que envolve a todos os pertencentes da mesma classe), e *adequacy* (a necessidade de que os litigantes da causa efetivamente defendam, de forma adequada, os interesses de todos os membros da classe representada).

Vale salientar, ademais, que a par de sua importância processual, o instituto da *class action* teve importantes reflexos em todas as áreas do direito americano, inclusive no que tange aos direitos civis, corrigindo injustiças relativas à discriminação, seja por questões raciais ou de gênero. Temas sociais fundamentais, como o acesso à educação ou o direito ao voto, entre muitos outros, foram devidamente resolvidos por meio de tais ações.

Talvez, neste sentido, a mais emblemática *class action* tenha sido Brown v. Board of Education, em 1954, quando a Suprema Corte dos Estados Unidos decidiu pela inadmissibilidade da segregação racial nas escolas.

Mais recentemente, o instrumento da *class action* foi igualmente utilizado para decisões envolvendo uma série de questões polêmicas, como o direito ao aborto (Roe v. Wade), a reparação por assédio sexual (Louis E. Jenson v. Eveleth Taconite Co.) ou ainda a responsabilização de empresas pela contaminação de águas por dejetos industriais – este último, aliás, Anderson v. Pacific Gas & Eletric Co., passou a fazer parte do imaginário popular, após ser mote de "Erin Brockovich", filme de 2010 pelo qual Julia Roberts recebeu o Oscar de melhor atriz.

A Operação Lava Jato e a responsabilidade da Petrobras

A despeito deste histórico ilustre, eu estava lidando com questões de ordem bem mais prática: teríamos realmente um caso em decorrência das ações da Petrobras?

Para chegar à resposta, cabia avaliar a existência dos requisitos mínimos para a viabilidade de uma *class action*, sobre os quais já me manifestei, em 2015, nos seguintes termos:[8]

[8] O caso Petrobras e os procedimentos das *class actions*. Artigo publicado no site *Migalhas* (www.migalhas.com.br) em 10.02.15.

"Uma ação dessa complexidade e magnitude, que reúne interesses de diversas pessoas prejudicadas, deve ser regulada por uma rígida gama de pré-requisitos, cuja principal função é definir se o objeto pode ou não ser discutido nessa espécie de ação.

O primeiro requisito diz respeito ao número de membros da classe, que deve ser tão numerosa a ponto de tornar impossível a adesão de todos os seus membros. Isso significa que algumas classes têm em torno de 35 membros reconhecidos e certificados, mas, na verdade, há centenas ou milhares de integrantes pleiteando o mesmo objeto. É imprescindível que a ação discuta questões de fato e de direito comuns à classe. Ainda, um ou mais representantes defenderão os direitos de todos os membros caso suas alegações ou defesas possam ser aplicadas ao restante da classe, protegendo os interesses dela como um todo, de forma justa e adequada.

Após o protocolo da ação, o Tribunal deverá, o mais rápido possível, determinar se o caso será mantido como *class action*. Caso o Tribunal entenda que sim, a classe será certificada, e o autor (o representante da *class action*) poderá representar a classe até o final da ação. No caso de o Tribunal não reconhecer a causa como objeto de *class action*, o autor poderá prosseguir com seu objetivo de forma individual, mas não poderá representar a classe nem defender os direitos dela.

A certificação da classe é um dos estágios mais importantes do procedimento. Considerada na prática como o divisor entre o mérito e o fracasso da demanda, pode ser alterada a qualquer momento antes da sentença.

O julgamento das *class actions* demora, habitualmente, de dois a três anos, mas, nos casos em que se prevê uma indenização de grande porte, é muito comum que um acordo judicial seja alcançado entre as partes antes deste período."

Minha avaliação inicial, que posteriormente se provou correta, era a de que, sim, os investidores estrangeiros formavam uma classe numerosa – classe esta que partilhava de prejuízos advindos das mesmas questões de fato e de direito, e que, portanto, poderia ser defendida nos Estados Unidos por meio de uma *class action*.

A segunda ordem dos requisitos referia-se aos prejuízos, ou seja, avaliar se os danos derivados do esquema de corrupção na Petrobras justificariam o direito à reparação monetária perante as cortes norte-americanas. Em outras palavras, se as questões de fato e de direito comuns aos membros da classe, investidores no mercado de valores mobiliários, ensejariam o direito a uma reparação pecuniária.

Inicialmente, vale ressaltar que, de acordo com as regras aplicáveis ao mercado de ações norte-americano, os investidores têm direito de ajuizar uma ação, nas cortes federais, para recuperar danos resultantes de fraude no mercado de valores mobiliários – uma vez que há leis proibindo o uso de qualquer estratagema manipulador, engodo ou artifício que contrariem o mercado de valores mobiliários daquele país. Isto inclui a utilização de quaisquer dados que não correspondam à verdade dos fatos e que, de alguma forma, possam afetar a compra ou a venda de qualquer título ou ação.[9]

A resposta parecia ser afirmativa.

---

[9] *Bringing "Big Oil" to the Big Apple*. Latin Lawyer, vol. 14, issue 1. Disponível em: http://latinlawyer.com/benchmarking/january-february-2015/1096753/bringing--%E2%80%9Cbig-oil%E2%80%9D-to-the-big-apple. Acesso em 10.07.17.

No entanto, as coisas não eram assim tão simples. Em primeiro lugar, porque naquele ano de 2014 a Operação Lava Jato ainda não contava com número tão grande de delatores, e uma série de questões ainda estava por ser revelada. Em segundo lugar, porque o ajuizamento da ação deveria ser feito no momento em que se pudesse comprovar em juízo não só os prejuízos, mas também a culpabilidade da Petrobras e a existência inequívoca dos atos de corrupção.

Com o decorrer da Operação Lava Jato, concluímos estarem presentes as condições de imputar à Petrobras, enquanto pessoa jurídica, a responsabilidade pelos danos causados aos investidores que haviam comprado seus títulos na Bolsa de Nova York. Para tanto, levamos em consideração uma série de fatos e documentos. Aqui, faz-se útil esclarecer alguns pontos, embora a maior parte deles tenha sido noticiada pela imprensa à época.

O Ministério Público Federal divulgou texto a respeito dos elementos fundamentais do caso, bem como dos principais envolvidos, além de um resumo de como funcionava o esquema de corrupção implementado na Petrobras. Transcrevo-o:[10]

> "O nome 'Lava Jato' decorre do uso de uma rede de postos de combustíveis e lava a jato de automóveis para movimentar recursos ilícitos pertencentes a uma das organizações criminosas inicialmente investigadas. Embora a investigação tenha avançado para outras organizações criminosas, o nome inicial se consagrou.

[10] Disponível em: http://lavajato.mpf.mp.br/entenda-o-caso. Acesso em 10.07.17.

A Operação Lava Jato é a maior investigação de corrupção e lavagem de dinheiro que o Brasil já teve. Estima-se que o volume de recursos desviados dos cofres da Petrobras, maior estatal do país, esteja na casa de bilhões de reais. Soma-se a isso a expressão econômica e política dos suspeitos de participar do esquema de corrupção que envolve a companhia.

No primeiro momento da investigação, a partir de março de 2014, perante a Justiça Federal em Curitiba, foram investigadas e processadas quatro organizações criminosas lideradas por doleiros, que são operadores do mercado paralelo de câmbio. Depois, o Ministério Público Federal recolheu provas de um imenso esquema criminoso de corrupção envolvendo a Petrobras.

Nesse esquema, que dura pelo menos dez anos, grandes empreiteiras organizadas em cartel pagavam propina para altos executivos da estatal e outros agentes públicos. O valor da propina variava de 1% a 5% do montante total de contratos bilionários superfaturados. Esse suborno era distribuído por meio de operadores financeiros do esquema, incluindo doleiros investigados na primeira etapa.

As empreiteiras: Em um cenário normal, empreiteiras concorreriam entre si, em licitações, para conseguir os contratos da Petrobras, e a estatal contrataria a empresa que aceitasse fazer a obra pelo menor preço. Neste caso, as empreiteiras se cartelizaram em um “clube” para substituir uma concorrência real por uma concorrência aparente. Os preços oferecidos à Petrobras eram calculados e ajustados em reuniões secretas nas quais se definia quem ganharia o contrato e qual seria o preço, inflado em benefício privado e em prejuízo dos cofres da estatal.

O cartel tinha até um regulamento, que simulava regras de um campeonato de futebol, para definir como as obras seriam distribuídas. Para disfarçar o crime, o registro escrito da distribuição de obras era feito, por vezes, como se fosse a distribuição de prêmios de um bingo.

Funcionários da Petrobras: As empresas precisavam garantir que apenas aquelas do cartel fossem convidadas para as licitações. Por isso, era conveniente cooptar agentes públicos. Os funcionários não só se omitiam em relação ao cartel, do qual tinham conhecimento, mas o favoreciam, restringindo convidados e incluindo a ganhadora dentre as participantes, em um jogo de cartas marcadas. Segundo levantamentos da Petrobras, eram feitas negociações diretas injustificadas, celebravam-se aditivos desnecessários e com preços excessivos, aceleravam-se contratações com supressão de etapas relevantes e vazavam informações sigilosas, dentre outras irregularidades.

Operadores financeiros: Os operadores financeiros ou intermediários eram responsáveis não só por intermediar o pagamento da propina, mas especialmente por entregar a propina disfarçada de dinheiro limpo aos beneficiários. Em um primeiro momento, o dinheiro ia das empreiteiras até o operador financeiro. Isso acontecia em espécie, por movimentação no exterior e por meio de contratos simulados com empresas de fachada. Num segundo momento, o dinheiro ia do operador financeiro até o beneficiário em espécie, por transferência no exterior ou mediante pagamento de bens.

Agentes políticos: Outra linha da investigação – correspondente à sua verticalização – começou em março de 2015, quando o Procurador-Geral da República apresentou ao Supremo

Tribunal Federal 28 petições para a abertura de inquéritos criminais destinados a apurar fatos atribuídos a 55 pessoas, das quais 49 são titulares de foro por prerrogativa de função ("foro privilegiado"). São pessoas que integram ou estão relacionadas a partidos políticos responsáveis por indicar e manter os diretores da Petrobras. Elas foram citadas em colaborações premiadas feitas na 1ª instância mediante delegação do Procurador-Geral. A primeira instância investigará os agentes políticos por improbidade na área cível, e na área criminal aqueles sem prerrogativa de foro.

Essa repartição política revelou-se mais evidente em relação às seguintes diretorias: de Abastecimento, ocupada por Paulo Roberto Costa entre 2004 e 2012, de indicação do PP, com posterior apoio do PMDB; de Serviços, ocupada por Renato Duque entre 2003 e 2012, de indicação do PT; e Internacional, ocupada por Nestor Cerveró entre 2003 e 2008, de indicação do PMDB. Para o Procurador-Geral da República, esses grupos políticos agiam em associação criminosa, de forma estável, com comunhão de esforços e unidade de desígnios para praticar diversos crimes, dentre os quais corrupção passiva e lavagem de dinheiro. Fernando Baiano e João Vaccari Neto atuavam no esquema criminoso como operadores financeiros, em nome de integrantes do PMDB e do PT."

Tais fatos, estarrecedores, alteraram totalmente a percepção que o público e o mercado tinham acerca do funcionamento da Petrobras.

A Petrobras é uma sociedade de economia mista vinculada ao Ministério de Minas e Energia que, até recentemente, era motivo de orgulho para os brasileiros. Foi instituída por Getúlio

Vargas por meio da Lei 2004 de 1953, estabelecendo-se como a mais importante empresa brasileira no segmento de energia, sempre sob o controle acionário da União.

Em 1997, por decisão do governo Fernando Henrique Cardoso, a Petrobras deixou de exercer o monopólio da indústria petroleira no Brasil. Sua importância, porém, não se viu diminuída, dado que a companhia permaneceu como uma marca segura aos olhos de investidores tanto nacionais quanto estrangeiros, que passaram a aplicar maciçamente em papéis da Petrobras. A expectativa era a de que a empresa continuasse trilhando um caminho de sucesso ou, ao menos, que conduzisse seus negócios de forma lícita e proba.

E foi exatamente por haver tal expectativa que o capital da Petrobras passou a ser negociado nas Bolsas de São Paulo e de Nova York, resultando na maior capitalização feita por uma empresa de capital aberto, como escreveu o jornalista Roberto Kaz, em reportagem publicada em 2016 na revista "PIAUÍ":[11]

> "Criada em 1953 por Getúlio Vargas, a Petrobras foi uma estatal puro-sangue até 1957, quando passou a ter parte de suas ações negociadas no mercado. A abertura maciça de capital, no entanto, só ocorreu no governo Fernando Henrique Cardoso: primeiro em 1997 – quando 180 milhões de ações foram vendidas na Bolsa de São Paulo – e depois em 2000 – quando a empresa passou a negociar papéis na Bolsa de Nova York. Para tanto, precisou emitir American Depositary Shares, as ADSs

[11] Kaz, Roberto. *O petróleo é deles: A história do processo de bilhões de dólares movido contra a Petrobras nos Estados Unidos.* Revista PIAUÍ, São Paulo, jun. 2016, p. 48-54.

– nome dado às ações de empresas estrangeiras negociadas nos Estados Unidos.[12]

"A ideia do Fernando Henrique era fazer da Petrobras uma empresa internacional", explicou o economista Adriano Pires, diretor do Centro Brasileiro de Infra Estrutura, uma empresa de consultoria especializada no mercado de óleo e gás. (...) O mercado de ADSs funciona da seguinte forma: primeiro a empresa emite um número específico de ações em seu país, mas as deixa congeladas na própria tesouraria. Em seguida contrata bancos que se encarregam de distribuir os recibos desses papéis nos Estados Unidos.

"É como se fosse um espelho da ação", disse André de Almeida. Por serem negociados no exterior, os recibos acabam sujeitando a empresa às normas da SEC, a Comissão de Valores Mobiliários americana, que fiscaliza o mercado americano de capitais. A empresa torna-se imputável nos Estados Unidos.

O pregão que marcou a entrada da Petrobras na Bolsa de Nova York, em agosto de 2000, contou com a presença de Pelé, contratado por dois anos para promover a marca no exterior. "A Petrobras é o Brasil que deu certo, o Pelé também", declarou o jogador, à época, justificando sua contratação. O primeiro dia de vendas atraiu 13 mil investidores, que pagaram 2,6 bilhões de dólares pelas ações americanas. O plano de internacionalização tinha dado certo. Mas o divisor de águas no mercado exterior ocorreria em 2010.

[12] Os ADS são uma forma de representação, para o investidor norte-americano, da propriedade de ações de uma companhia não americana, que ficam depositadas em uma instituição financeira custodiante.

> Quatro anos antes, já no governo Lula, a Petrobras anunciara o descobrimento de petróleo na camada do pré-sal. A extração, bem mais complexa e cara, em função da profundidade, exigia um investimento pesado. Para levantar recursos, agendou-se uma nova oferta, de 4 bilhões de ações. No dia 24 de setembro, Lula, o vice José Alencar, o ministro da Fazenda Guido Mantega e o presidente da Petrobras José Sergio Gabrielli vestiram jaleco laranja e capacete branco – uniforme da empresa – para abrir o pregão da Bolsa de São Paulo. Naquele instante, parte das novas ações já era negociada na Bolsa de Nova York.
>
> Ao final da operação, a Petrobras arrecadaria 70 bilhões de dólares, tornando-se a segunda maior empresa do continente americano, atrás apenas da Exxon Mobil."

Acho prudente explicar o tema em detalhes para aqueles que não estão familiarizados com o assunto. Os investidores em ações da Petrobras dividem-se em dois grupos: há os nacionais, que investiram em títulos da companhia negociados na BM&F Bovespa, e os internacionais, que investiram em ações da Petrobras por meio de títulos negociados na Bolsa de Nova York. O esquema de corrupção instalado na empresa trouxe prejuízos a ambos os grupos a partir do momento em que os desvios de caixa foram explicitados pela Operação Lava Jato. O mercado financeiro começou a perceber que os demonstrativos da Petrobras não correspondiam à realidade, e os títulos da empresa passaram a sofrer quedas constantes.

Assim, o patrimônio da Petrobras, que crescia desde o ano de 2009, perdeu, em 2014, 43,6% de seu valor de mercado.

Por sua vez, as confissões ocorridas no âmbito da Operação Lava Jato evidenciaram que os danos haviam sido causados por má gestão, eivada de dolo, uma vez que a companhia comercializou seus papéis (tanto no Brasil quanto no exterior) com base em informações que sabia serem falsas – reflexo de uma cultura de corrupção institucional que resultou no desvio de dinheiro na magnitude de vários bilhões de dólares.

Em outras palavras, a prática de atos de corrupção fez com que a companhia publicasse demonstrações financeiras incorretas, avaliando seus ativos para cima, disponibilizando informações enganosas e falsas sobre sua situação financeira, inclusive no tocante à efetividade de seus procedimentos de controle interno, que eram burlados.

Esta cultura sistêmica de corrupção alterou não apenas as informações disponibilizadas aos investidores, mas também violou as práticas de controle anticorrupção existentes no código de ética da própria companhia. Em suma: as irregularidades nos demonstrativos financeiros induziram os investidores a erro, caracterizando efetiva fraude ao mercado, uma vez que geraram um aumento artificial no preço das ações negociadas nas bolsas de valores.

Não havia, portanto, como escapar à inevitável conclusão de que a companhia, por meio de seus principais gestores, tinha agido de forma omissiva, ilegal e intencional, cabendo reparação àqueles que, de boa-fé, nela investiram.

Já tive a oportunidade de escrever artigo sobre essas questões. Destaco aqui os seguintes trechos:[13]

[13] *O caso Petrobras e os procedimentos das class actions.* Artigo publicado no site: migalhas.com.br, em 10.02.15.

"O escândalo da Petrobras foi amplamente divulgado pela mídia, repercutindo no mundo inteiro. Grandes publicações internacionais divulgaram artigos destacando a importância da companhia petrolífera na economia brasileira e o envolvimento de nomes grandes, como diretores de diversos setores da estatal, partidos políticos, como o Partido dos Trabalhadores, e muitas das maiores construtoras do país, como a OAS, no esquema de lavagem de dinheiro, pagamento de propinas e formação de cartel.

Na Bolsa de Valores de Nova York, a Petrobras negocia suas ações através de American Depository Receipts, as chamadas ADSs, títulos emitidos nos Estados Unidos para representação das ações de empresas que não são norte-americanas.

Os investidores que adquiriram ADSs no período entre 20 de maio de 2010 até 21 de novembro deste ano, ludibriados pelas declarações da própria Petrobras, possuem, sob a jurisdição do Estado de Nova York, nos Estados Unidos, um instrumento jurídico do direito norte-americano como meio para tentar reaver as quantias perdidas no investimento.

(...)

Os principais fundamentos da ação são que, mesmo em meio à afluência dos esquemas de corrupção, a Petrobras se omitiu e não divulgou aos acionistas o real estado da companhia, publicando balanços suspeitos e assegurando que a comissão interna não havia encontrado nenhuma irregularidade na economia da empresa, fazendo com que os investidores jamais duvidassem da saúde financeira da companhia e continuassem investindo dinheiro. Com os escândalos deflagrados, o preço inflacionado das ADS caiu bruscamente, refletindo a real situação da companhia. Um agravante consiste no envolvimento de diretores da Petrobras que deveriam zelar pela boa administração da companhia e que frontalmente descumpriram com os seus deveres fiduciários perante a Petrobras".

Os executivos regimentais da Petrobras deixaram de representar acuradamente os valores dos ativos e das operações da companhia. Aceitaram propina, ferindo o código de ética da empresa. Pela magnitude do ocorrido, não tinham como alegar de forma crível o desconhecimento dos fatos.

Concluí que tínhamos um caso e que havia viabilidade para a ação, pela qual tentaríamos algo absolutamente inédito: decidir a responsabilidade de atos de corrupção no Brasil, perante a Justiça norte-americana, por meio de uma *class action*.

Era uma hipótese preferível a uma ação ajuizada aqui, conforme já descrito pela imprensa, como segue:[14]

> "Almeida contou ter começado a pensar no processo em março de 2014, quando foi deflagrada a Operação Lava Jato. Flertou com a ideia durante alguns meses, até que ocorreu a delação premiada do ex-diretor de Abastecimento da Petrobras, Paulo Roberto Costa. "Até ali, havia informações sobre corrupção e perda de valor da empresa, mas os envolvidos, como o Pedro Barusco, ocupavam níveis gerenciais. Discutia-se se a Petrobras era vítima ou se havia sido conivente." Com o depoimento de Costa, a suspeita mudou de termos. "Ele era diretor estatutário. Fazia parte da governança corporativa. Aquilo me deu certeza da nossa tese." Por conhecer a Justiça americana, achou que o processo teria mais chance de dar certo

---

[14] KAZ, Roberto. *O petróleo é deles: A história do processo de bilhões de dólares movido contra a Petrobras nos Estados Unidos.* Revista PIAUÍ, São Paulo, jun. 2016, p. 48-54.

nos Estados Unidos. "Não existe no Brasil uma boa forma de processar coletivamente. Uma ação civil pública só poderia ser aberta por uma associação já existente. Seria necessário criar essa associação, o que tornaria o processo demorado, caro e mal sucedido", explicou. "Além disso, pela Lei das Sociedades Anônimas, teríamos que processar o controlador da empresa, que é a União. O caráter político da ação seria transmitido aos tribunais."

Somou-se a isso o fato de que o sistema legal norte-americano permite (e está familiarizado com) ações objetivando indenização por perdas decorrentes de fraudes no mercado de capitais (o que inclui os investidores que compraram ADSs de companhias situadas em outro país).

O Brasil, por outro lado, não está acostumado a este tipo de ação. Nossa legislação não é tão sofisticada, e o investidor teria que suportar o risco político de processar uma companhia controlada pelo governo federal. Como se não bastasse, a morosidade do judiciário nacional ainda poderia fazer com que a ré não se interessasse em um acordo.

Um detalhe importante: quando falamos de investidores "estrangeiros" que haviam adquirido ações da Petrobras nos Estados Unidos, no mais das vezes nos referimos a investidores brasileiros que investiram, no exterior, em papéis de uma empresa brasileira.

Trocando em miúdos, considerável parte daqueles que investiram nos papéis da Petrobras na Bolsa de Nova York era, na verdade, formada por investidores brasileiros, alguns institucionais com recursos no exterior.

3. UM PLANO OUSADO

A *Class Action*[15] seria, portanto, uma disputa dos próprios investidores brasileiros que tinham investido em papéis da Petrobras no exterior contra uma empresa brasileira, cujos atos de corrupção haviam afetado brasileiros e estrangeiros fora do país. O detalhe crucial, no entanto, era o de que o confronto seria decidido pela Justiça norte-americana, afastando potencialmente qualquer tipo de pressão à qual poderia estar sujeito o poder judiciário brasileiro. Mal comparando, seria como uma final de Campeonato Brasileiro apitada por um juiz estrangeiro e com regras de outro país, para diminuir, assim, a possibilidade de interferências.

Mas, claro: nenhum jogo de futebol começa sem que um jogador se encarregue do pontapé inicial. Idealmente, até pela simbologia, imaginei que esse "jogador", ou seja, a melhor pessoa para representar a classe beneficiada pela *Class Action*, seria um investidor institucional brasileiro, titular de papéis da Petrobras no exterior.

Isso passaria um recado moralizador aos que cometem atos similares no Brasil, demonstrando que as práticas de corrupção aqui praticadas não ficariam impunes (ao menos do ponto de vista econômico), uma vez que a globalização viabilizou o julgamento e a condenação de tais crimes em outros países.

Vale lembrar que, no segundo semestre de 2014, quando da idealização da ação, nenhum grande empresário ou político

[15] Usaremos a expressão com as iniciais em maiúsculas sempre que fizermos referência à ação específica e não ao instituto jurídico.

envolvido no esquema de corrupção da Petrobras estava preso ou fora punido no âmbito da Operação Lava Jato. Pairava no país certo sentimento de desalento, dado que a impunidade parecia se anunciar como resultado inexorável neste caso.

Neste contexto, a ideia da *Class Action* foi uma tentativa de utilizar os instrumentos que eram acessíveis a um advogado da área internacional, para fazer com que aqueles que praticaram atos de corrupção fossem obrigados a reparar os danos causados aos investidores. Em última instância, a ideia era mostrar que existem limites para a corrupção desenfreada, especialmente quando seus efeitos transbordam para além do cenário nacional.

Essa foi a forma que idealizei e que me era possível, dentro dos recursos que tinha naquele momento, para defender os princípios éticos que devem ser observados na atividade empresarial – princípios essenciais para a inserção do Brasil no contexto econômico mundial.

Isso, claro, teria sido o cenário ideal que, por diversos motivos que explicaremos a seguir, não se concretizou exatamente como havia planejado.

A princípio, deparei-me com a hesitação dos grandes investidores brasileiros que haviam aplicado recursos no exterior em papéis da Petrobras. Reunimo-nos diversas vezes, em meu escritório ou na sede da Amec, a Associação de Investidores do Mercado de Capitais, ambos em São Paulo. Dava-se então o seguinte enredo: de início, os investidores institucionais ficavam encantados pela ideia da reparação econômica e limpeza ética que a *Class Action* representava, para logo depois afirmarem que estavam de mãos atadas, por receio de sofrerem retaliação por parte do governo (o que fazia sentido, visto que os grandes investidores, via de regra, têm interesses em diversos negócios simultaneamente, muitos dos quais podem ser afetados por uma deterioração de relações com os poderes constituídos).

Ainda assim, os investidores louvavam o objetivo da ação, que era não só o de corrigir os erros cometidos na Petrobras, mas também o de permitir que o mercado, no exterior, voltasse a aceitar, sem desconfiança, os papéis de empresas brasileiras negociados em Nova York. O que parecia estar em jogo era o destino da Petrobras, mas o que realmente se jogava era o destino do mercado brasileiro lá fora.

Há que se ter em mente que um escândalo dessa magnitude, em decorrência da atuação irresponsável e criminosa de alguns executivos da Petrobras, causou danos não apenas à empresa, mas à imagem do país no exterior e, de forma ainda mais concreta, a uma gama de investidores que dependem do capital internacional. Estes investidores terão mais dificuldade em negociar seus papéis em Bolsas estrangeiras, depois do escândalo da Petrobras.

A confiabilidade é a base de todo o sistema financeiro, em qualquer lugar do mundo. Embora seja de difícil compreensão para aqueles que não estão diretamente envolvidos nesse mercado, a verdade é que tais fatos mancham a imagem do país e prejudicam toda sociedade brasileira. O resultado final é que o Brasil perde credibilidade, deixando de ser visto como um parceiro sério no mercado internacional.

4. AVALIANDO OS RISCOS

Não eram apenas os investidores que refugavam diante dos riscos e eventuais consequências da *Class Action*. Eu mesmo guardava algumas incertezas, tinha cá minhas inseguranças, que se provaram, no mais das vezes, fundamentadas.

Desde o início, era óbvio que o caso tinha o envolvimento direto de pessoas ocupando os mais altos cargos da República, bem como o de alguns dos maiores empresários e grupos econômicos do país – exatamente como viria a comprovar, mais tarde, a Operação Lava Jato.

Meu comprometimento com a *Class Action* implicaria no confronto com todos aqueles envolvidos nos atos de corrupção, e eu, como advogado privado, não dispunha de recursos ilimitados para me defender. Tampouco gozava das prerrogativas legais e de garantias institucionais de um órgão como, por exemplo, o Ministério Público Federal.

Era evidente, portanto, que eu estaria numa situação de risco, de vulnerabilidade. Rondava ainda certo receio de retaliação, em especial por parte do governo, que, em ocasiões similares, já havia se mostrado extremamente agressivo em resposta a seus críticos.

Lembro o caso de Sinara Figueiredo, analista do Grupo Santander que enviou nota aos clientes do banco expressando sua opinião sobre o pleito de 2014. No texto, ela afirmava que a reeleição de Dilma Rousseff havia de prejudicar a situação econômica do país (algo que, por sinal, confirmou-se integralmente). Após o envio da nota, Sinara foi demitida – por motivos políticos, e não técnicos, como noticiou a revista

"Exame": "Depois da carta vir a público e gerar muita comoção e pressões por parte do PT, o presidente do Santander, Emilio Botín, chegou a anunciar a demissão da analista, que trabalhava há cerca de oito anos no banco".[16] Posteriormente, a Justiça do Trabalho determinou que ela fosse indenizada – nada que tenha reparado os danos indeléveis em sua carreira e reputação, danos estes causados pela retaliação irresponsável e inaceitável do governo federal.

O governo, à época ainda muito forte, não observava qualquer limite para se perpetuar no poder (tanto que conseguiu reeleger a presidente Dilma Rousseff no pleito de 2014). Não tínhamos, então, uma noção clara de como as coisas iriam se desenvolver, o que tornava bastante real um risco de retaliação. E a Petrobras, claro, era igualmente considerada uma poderosa oponente.

Controlada pela União, a companhia, afinal, sempre se confundiu com o próprio governo. Num passado não tão distante, valeu-se de pesada artilharia jurídica para intimidar adversários. Um caso emblemático deu-se com Paulo Francis, em meados dos anos 1990, quando o emérito jornalista era um dos apresentadores do programa "Manhattan Connection", onde denunciou um esquema de corrupção na Petrobras. Francis foi então duramente processado e, contam amigos, enfartou pouco tempo depois, em decorrência da ferrenha pressão que lhe aplicou a petroleira.

---

[16] *Executiva demitida por carta sobre Dilma ganha indenização.* Disponível em: http://exame.abril.com.br/negocios/executiva-demitida-por-carta-sobre-dilma-ganha--indenizacao/

Cito trecho de artigo assinado por Carlos Heitor Cony, publicado na "Folha de S. Paulo" em 2014:[17]

> "Evidente que a 'suspeita' do Francis foi desmoralizada pela própria Petrobras, que usando e abusando do dinheiro da fraude processou o jornalista por calúnia, no foro de um país que tem a fama de ser o mais severo na matéria. A multa chegaria a US$ 100 milhões, mais custas e honorários.
>
> (...)
>
> Paulo Francis entrou em depressão, tal e tanta, que meses depois morreu subitamente. Agora tomamos conhecimento gradativo que um jornalista culto e bem informado tenha feito as acusações que hoje são objeto de uma CPI e de um clamor que atinge não somente a honra da nação, mas a vergonha de todos nós."

Ficaria comprovado nas investigações que Francis tinha razão, como bem salientou o "Jornal do Brasil", em editorial publicado em 2015:[18]

> "Em depoimento na CPI da Petrobras nesta quinta-feira (23), o presidente da Setal Engenharia e ex-conselheiro da Toyo Setal, Augusto Mendonça Neto, afirmou que havia um 'clube' de empresas que se reuniu para participar das licitações da estatal.
>
> 'Era uma forma de as empresas se protegerem diante da força da Petrobras. Se proteger de modo a não competirem entre si', explicou. Ainda segundo Mendonça, o clube começou em 1997 com nove empresas.

---

[17] Folha de S. Paulo. Disponível em: 14.09.2014, http://www.academia.org.br/artigos/petrobras-x-paulo-francis

[18] Jornal do Brasil. Paulo Francis tinha razão. E agora? Disponível em: http://www.jb.com.br/opiniao/noticias/2015/04/23/paulo-francis-tinha-razao-e-agora

> O ex-gerente da Petrobras Pedro Barusco também já havia afirmado que começou a receber propina 'por iniciativa pessoal', em 1997.
>
> Em 1996, o jornalista Paulo Francis denunciou a existência de corrupção na Petrobras. Na ocasião, não houve investigação. Pelo contrário: Paulo Francis foi alvo de um processo milionário e acabou morrendo no ano seguinte, vítima de um infarto."

Tais precedentes me preocupavam. Além de saber-me enfrentando pessoas sem escrúpulos, eu ainda tinha que lidar com uma incerteza: se as delações resultariam, de fato, em condenações judiciais.

Por outro lado, pensava em meu país. Estava ciente de que a construção de um futuro melhor passava necessariamente pela disposição de assumir riscos.

O ajuizamento da *Class Action* foi um ato de coragem, talvez inspirado pela ação de tantos outros que, no decurso da Operação Lava Jato, enfrentaram riscos ainda maiores.

Ponderei que cabia a mim reunir forças para também dar minha contribuição, mesmo que mais modesta, dentro do contexto profissional em que eu atuava. No futuro, seria mais digno explicar às minhas filhas as razões por que eu resolvera agir naquele momento, ainda que ciente dos riscos, do que me desculpar por uma eventual inércia.

Como prega o ditado popular, "um cavalo selado não passa duas vezes". Aquela ação de investidores brasileiros contra contraventores brasileiros – num sistema penal imune à pressão de nosso governo – era meu cavalo selado.

A decisão estava tomada.

Capítulo II

Um caso que fez história

1. RUMO A UMA UTOPIA

Iniciei, então, ações preparatórias para a concretização da *Class Action*, muito embora não haja um manual com regras sobre como ajuizar, no exterior, uma demanda tão complexa.

A primeira medida foi tentar encontrar um escritório de advocacia norte-americano que comprasse a ideia da *Class Action*. Claro, era necessário convencê-lo de que tínhamos um caso.

Esse período foi descrito, de forma resumida, em longa reportagem sobre a *Class Action*, publicada em 2016 pela revista "PIAUÍ". Reproduzo um trecho a seguir:[19]

> "Para dar entrada na corte americana, André de Almeida precisaria de um sócio local. Em sucessivas viagens a Nova York, apresentou o caso a seis escritórios. 'Como fui presidente da Federação Interamericana de Advogados, foi fácil ser recebido', contou. 'Mas a maioria riu da minha cara no início, dizendo

[19] KAZ, Roberto. *O petróleo é deles: A história do processo de bilhões de dólares movido contra a Petrobras nos Estados Unidos.* Revista PIAUÍ, São Paulo, jun. 2016, p. 48-54.

> que seria impossível processar a Petrobras. Eles não acreditavam que os depoimentos seriam validados ou que as ações iriam adiante.' Após diversas visitas, diz que cinco dos seis escritórios acabaram se interessando."

No início das tratativas, a principal dificuldade foi a de fazer com que os advogados americanos entendessem, precisamente, quais eram os crimes da Petrobras que dariam ensejo a um pedido de indenização.

Salvo raras exceções, os americanos não costumam se preocupar em obter informações detalhadas sobre o que acontece no restante do mundo, de modo que as questões envolvendo a Petrobras, à época, ainda não tinham entrado no "radar" tanto da imprensa quanto do mercado dos Estados Unidos.

A simples exposição do caso, portanto, não seria suficiente para convencê-los da gravidade do esquema de corrupção, já que uma tese tão arrojada demandava garantias de credibilidade à altura. Nestes momentos, nos encontros com escritórios americanos, foi de grande valia minha experiência anterior como presidente da Federação Interamericana de Advogados (FIA). Eu tinha conhecimento das leis e, em especial, contatos no meio jurídico norte-americano, essenciais para a concretização da *Class Action*.

A parceria com um escritório local era *conditio sine qua non* para o ajuizamento da ação também em razão dos custos envolvidos. Em geral, as *class action*s são parcialmente (quando não inteiramente) financiadas pelos próprios escritórios de advocacia, que recebem seus honorários a posteriori, por meio da cobrança de um percentual do valor recuperado, em caso de êxito.

Em função do ineditismo da causa e dos interesses envolvidos, minha escolha deveria ser criteriosa. Mantive reuniões com todos os escritórios contatados. E como ainda estávamos em tratativas preliminares, foi preciso assinar um contrato de confidencialidade para a discussão da causa com cada um deles.

Em todos os encontros, segui o mesmo roteiro. Primeiro, fazia uma exposição de nossa tese, explicando o que ocorrera na Petrobras e o consequente prejuízo aos investidores estrangeiros. Em seguida, emendava a pergunta clássica: "*Do we have a case?*".

A reação de todos foi praticamente a mesma: inicialmente pareciam confusos; depois, entravam em estado de estarrecimento, e, por fim, manifestavam dúvidas quanto à veracidade das informações.

A corrupção é uma realidade existente, em maior ou menor grau, em qualquer país do mundo. Mas, para um americano, era difícil entender o esquema que arrasara a Petrobras, tanto pela gravidade da fraude quanto pelo número de envolvidos, pessoas que roubavam com a mais completa desenvoltura, exibindo uma expectativa de impunidade inacreditável. Como dizia Tom Jobim, o Brasil não é para principiantes.

O assombro deles era justificado. Afinal, ao longo de anos, a Petrobras havia recebido vários prêmios, nacionais e internacionais, concedidos a companhias com bons controles internos, bom *compliance* e respeito ao investidor. Assim, parecia inconcebível que algo de tal dimensão e gravidade tivesse ocorrido numa empresa que se dizia tão bem controlada e, pior, que seus próprios executivos tivessem agido de forma dolosa.

Argumentavam também que seria impossível a existência de um sistema de corrupção tão disseminado sem o conhecimento das autoridades brasileiras, em especial porque a União era a acionista controladora da Petrobras. Lamentavelmente, eles estavam corretos, como provaria a Operação Lava Jato ao longo das investigações.

Ainda assim, todos garantiam que aqueles fatos, se comprováveis, resultariam, sim, em um caso. Os argumentos, diziam, eram excelentes para se exigir uma indenização, via *class action for damages*, nos Estados Unidos. Vários chegaram a se utilizar da expressão *once in a lifetime case* para descrevê-la.

Ao fim das negociações, minha escolha foi pelo Wolf Popper, um dos mais tradicionais escritórios de *securities litigation* de Nova York.

O Wolf Popper tem mais de 70 anos de história. Atuou em causas célebres, muitas delas envolvendo direitos civis, como a luta pelo direito ao voto pela comunidade negra. Na década de 1960, o escritório representou a família de Andrew Goodman, um ativista de apenas 20 anos, covardemente assassinado pela Ku Klux Klan (sua história seria contada, anos depois, pelo filme "Mississipi em Chamas").

Pesou também na escolha o fato de que um dos sócios do Wolf Popper fosse Carlos E. López López, advogado com brilhante atuação contenciosa, que, como eu, havia estudado em Washington. Já mantínhamos contato regularmente desde a época em que presidi a FIA, o que facilitou a construção de um ambiente de confiança mútua no desenvolvimento da ação.

A elaboração da peça inicial foi feita conjuntamente, a partir de julho de 2014, por duas equipes de advogados. Uma era composta pelo próprio Carlos E. López López, além de Robert Taylor e Emily Madoff, profissionais do Wolf Popper em Nova York. A outra, do Almeida Advogados, era formada por mim e por minha sócia Natalie Yoshida, em São Paulo.

O trabalho foi exaustivo, em virtude do imenso número de informações envolvidas no caso, número este que só crescia, diariamente, em decorrência dos acordos de delação premiada.

Sobre este período, publicou-se que:[20]

> "Almeida voltou ao Brasil para montar o caso. Por questão de ordem, passou a anotar os fatos mais relevantes em cadernos de capa preta, com folhas de tamanho A4. No dia 6 de setembro, escreveu, num misto de português e inglês: '*Conference call* com a Emily [Madoff, advogada do escritório Wolf Popper]. *Several acts of corruption and arrests of 2 VPs* [referia-se às prisões de Paulo Roberto Costa e Renato Duque na Operação Lava Jato]. *Pricewaterhouse* [Coopers, a auditora da Petrobras] *refuses to sign the* balanço.' Atravessou o mês juntando notícias, relatórios e transcrições de depoimentos colhidos pela Comissão Parlamentar de Inquérito que investigou a Petrobras. No dia 6 de outubro, anotou: 'Trabalhei com a Natalie [Yoshida, do seu escritório] na leitura dos jornais para fazer a *class action*. Não usar a palavra 'corrupção' para não ser processado. Saí do escritório às duas da madrugada.'
>
> (...)

[20] KAZ, Roberto. *O petróleo é deles: A história do processo de bilhões de dólares movido contra a Petrobras nos Estados Unidos.* Revista PIAUÍ, São Paulo, jun. 2016, p. 48-54.

> Em paralelo, passou a buscar investidores, no Brasil, que houvessem sido lesados pela compra de papéis americanos da Petrobras (a prática de adquirir ações da mesma empresa aqui e lá é comum, para que o acionista se previna da variação cambial). No final do mês, escreveu: 'Estou preparando a minha ida a Nova York na semana que vem. Já temos seis clientes fechados (...).'"

Paralelamente ao preparo da inicial, impunha-se outra questão fundamental em todas as ações (e, em particular, nas *class actions*). Precisávamos encontrar alguém que tivesse legitimidade e disposição para ser a parte autora do processo.

Via de regra, a estratégia adotada pelos escritórios norte-americanos nestas situações é escolher alguém *low profile*, que tenha poucas ações da empresa ré no caso. Embora essa pessoa tenha sofrido o mesmo tipo de perda dos grandes investidores a serem defendidos na ação, para ela, o dano não costuma ser economicamente considerável.

Tal posicionamento deriva de uma abordagem cautelosa, que permite uma limitação de prejuízos caso ocorra uma reconvenção do réu, ou caso o processo não caminhe exatamente como o esperado.

Trata-se de algo tão comum que existem pessoas que se "especializam" em ser autoras de ações desse tipo, conforme descrito a seguir:[21]

> "O contador aposentado Peter Kaltman, que mora em Nova York, é especialista na estranha arte de protocolar ações

[21] *Id., Ibid.*

> coletivas. Em 2001 processou a Scientific Atlanta, que fabrica equipamentos para televisão. Em 2004 voltou-se contra a Key Energy Services, que presta serviços para a indústria do petróleo. Dois anos depois peticionou contra a Sunterra, companhia do ramo hoteleiro. Os três casos terminaram em acordos extrajudiciais. 'Ele tem papéis de várias empresas', contou-me André de Almeida. Kaltman foi o marco zero da ação coletiva contra a Petrobras. Em outubro de 2014 – quando já corria a Operação Lava Jato –, o investidor comprou mil ações da empresa, por 11 mil dólares. Dois meses depois, estava sendo representado por Almeida, na abertura do caso. 'O ideal é começar o processo com pouca envergadura, para não expor os fundos', explicou-me o advogado. 'Você busca um acionista qualquer que tenha pouquíssimas ações. Funciona como uma isca para o mercado.'"

Muito embora a Operação Lava Jato trouxesse fatos novos a corroborar a tese desenvolvida na *Class Action*, estávamos cientes de que não poderíamos esperar indefinidamente.

No final de 2014, entendemos que as provas existentes já eram suficientes para o ajuizamento da ação e decidimos ir em frente:[22]

> "(...) André de Almeida se lembra do frio que fazia em Nova York na segunda-feira, 8 de dezembro de 2014: 'Era um dia cinzento, com muito vento, daqueles em que é melhor ficar em casa tomando chá.' Pela manhã, fez uma visita rápida ao Wolf Popper, escritório americano de direito ao qual havia se associado. 'A ideia era abrir o processo na semana anterior, mas tivemos que acertar uns detalhes.' Almoçou num bistrô e

[22] KAZ, Roberto. *O petróleo é deles: A história do processo de bilhões de dólares movido contra a Petrobras nos Estados Unidos.* Revista PIAUÍ, São Paulo, jun. 2016, p. 48-54.

decidiu aguardar no hotel até quatro da tarde, quando termina o pregão da Bolsa de Nova York. 'Não queríamos dar entrada antes disso para não assustar o mercado.'

Meia hora depois chegava ao edifício de 27 andares onde fica a corte do distrito sul de Nova York. Na recepção, tirou o paletó de lã, apresentou o passaporte ao segurança e foi parado, em função da espiral de um caderno, no detector de metais. Constatado o problema, adentrou o saguão que abriga uma estátua da Justiça, e de lá seguiu para a divisão de novos processos. 'Era uma sala de espera, com um guichê, em que os advogados eram chamados por ordem de chegada', contou. Levava na pasta uma ação de 38 páginas contra a Petrobras. 'A petição já havia sido feita, minutos antes, pela internet', continuou. 'Qualquer pessoa poderia ter ido no meu lugar buscar o protocolo, mas eu queria estar lá. Era um caso importante na história jurídica do país – e na minha vida profissional.'"

Almeida entregou o processo, pegou o recibo e seguiu de metrô até a Grand Central – uma estação de trem garbosa no miolo de Manhattan. De lá caminhou por quinze minutos de volta ao hotel em que estava hospedado. 'Eu estava trêmulo, checando o celular a cada minuto, porque sabia que a notícia ia explodir assim que fosse divulgada.' Diz ter ligado para sua mulher e falado: 'Começou. Agora segura.' Logo depois o telefone começou a tocar."

2. AÇÃO E REAÇÕES

Devido às possíveis repercussões jurídicas da *Class Action* e devido, é claro, ao impacto financeiro considerável que poderia gerar, eu estava ciente, desde o começo, de que ela despertaria grande interesse por parte da imprensa. Eu estava errado. A conexão íntima da *Class Action* com a Operação Lava Jato – e, consequentemente, com o maior escândalo de corrupção da história do país – fez com que o interesse da mídia fosse ainda maior do que eu havia imaginado.

Apenas algumas horas após o ajuizamento em Nova York, os principais veículos de imprensa do Brasil noticiaram o fato. Destaco aqui um texto do jornal "Valor Econômico":[23]

> "Petrobras é alvo de uma ação coletiva nos Estados Unidos, movida por investidores que buscam ressarcimento pelas perdas com as ações da companhia. É a primeira contra a empresa deste tipo que se tem notícia até o momento.
>
> O motivo é o desvio de recursos citado nas investigações da Operação Lava-Jato e o risco de a companhia ter de fazer ajustes relevantes em seu balanço, por conta de superfaturamento de obras.
>
> O escritório que move a ação é o Wolf Popper, em nome de investidores individuais. A Petrobras informou que "não foi intimada da ação judicial mencionada".
>
> A Petrobras teria infringido a regra 10b, da regulação americana para mercado de capitais. A regra trata de fraude e omissão que permita fraude e induza o investidor a negociar valores mobiliários da empresa com base em informações erradas.
>
> Os investidores estrangeiros são maioria no capital da Petrobras negociado em bolsa. A companhia valia ontem R$ 144 bilhões. Do capital total, 22% está nas mãos de detentores de recibos americanos de ações (ADS) e 13,3% de estrangeiros que

---

[23] *Valor Econômico:* Petrobras é alvo de ação coletiva nos EUA. Em 09.12.17. Disponível em: http://www2.senado.leg.br/bdsf/item/id/505865

aplicam diretamente no Brasil – ou seja, só 18,4% nas mãos de investidores locais. Neste ano, as ações no Brasil negociaram em média R$ 1 bilhão ao dia e, nos Estados Unidos, R$ 740 milhões.

A regra 10b foi uma das utilizadas nas ações coletivas nos Estados Unidos abertas contra Sadia e Aracruz, em 2009, por conta dos prejuízos bilionários com derivativos que quase quebraram essas companhias. Elas foram compradas, em seguida, respectivamente, por Perdigão, resultando na BRF, e pela Votorantim Celulose e Papel (VCP), dando origem à Fibria.

Ambas fecharam acordo para encerrar a disputa. A Sadia pagou US$ 27 milhões e a Aracruz, US$ 37,5 milhões. A Sadia perdeu R$ 2,55 bilhões com os derivativos e a Aracruz, R$ 4,3 bilhões.

A ação contra a Petrobras movida pelo Wolf Popper abrange investidores que tiveram ou têm ADS entre 20 de maio de 2010 e 21 de novembro deste ano. Os interessados podem se manifestar até dia 6 de fevereiro.

Robert Finkel, advogado do Wolf Popper responsável pela ação, disse ao Valor que não há como estimar ainda o valor da ação, mas certamente seria algo de "centenas de milhões de dólares".

As ações coletivas são comuns nos Estados Unidos. A dinâmica do mercado é diferente da brasileira. Para ressarcir investidores, a Securities and Exchange Commission (SEC, a comissão de valores mobiliários americana) pode pedir a abertura de uma ação deste tipo. Mas a ação coletiva pode ser proposta também por qualquer investidor que se sinta lesado.

Na prática, existe uma indústria que representa o braço privado da fiscalização de mercado daquele país. Os escritórios de advocacia investem na formulação de uma ação coletiva diante de situações muito polêmicas como a da Petrobras. Independentemente de quem comece a ação, o resultado dela será para todos os investidores e não somente para aquele que tomou a iniciativa. Portanto, em tese, tanto faz ao escritório se o investidor é grande ou pequeno.

Para os escritórios, trata-se de um trabalho vantajoso quando obtido sucesso. Na maioria das vezes, os casos não vão a julgamento e terminam em acordo. Essa é, inclusive, a expectativa de Finkel, segundo ele contou ao Valor.

Nos casos de Sadia e Aracruz, por exemplo, os escritórios investiram, respectivamente, US$ 750 mil e US$ 880 mil com os processos. O juiz destinou 30% do valor do acordo aos advogados, ou seja, US$ 8,1 milhões e US$ 12,5 milhões.

Quando uma ação destas tem início os investidores se habilitam para a disputa. Mais à frente, voltam a se registrar para receber sua parcela no valor do acordo – em caso de um. O processo é bastante simples. Normalmente, há um 0800 disponível, para ligações gratuitas, e um site exclusivo para cada ação coletiva. Lá o investidor pode encontrar e enviar os formulários a serem preenchidos.

Há ainda uma indústria acessória aos advogados. Especialistas são contratados para definir os valores reembolsados. O comunicado do Wolf Popper cita por exemplo a perda de US$ 8,88 por ADR de 5 de setembro a 24 de novembro."

Meu telefone não parou mais de tocar. Ávida por informações, a imprensa tentou o melhor que pôde para explicar a um público leigo em questões jurídicas (especialmente de direito norte americano) o conceito de uma *class action* e suas implicações.

Somava-se a este cenário a consequente deterioração das condições econômicas do Brasil, mergulhado na maior crise financeira de sua história recente, um país profundamente dividido entre projetos políticos distintos – após uma campanha repleta de agressividade por parte de todos os envolvidos, Dilma Rousseff acabara de ser reeleita à Presidência, no segundo turno, com 51,6% dos votos válidos.

Imersos neste contexto, todos tinham opiniões diferentes, nem sempre abalizadas ou baseadas nos fatos que ensejaram a *Class Action.*

Alguns alegavam que as consequências seriam injustas, visto que os investidores estrangeiros conseguiriam obter uma indenização, enquanto os investidores nacionais ficariam duplamente penalizados – por não receber o valor da indenização que lhes correspondia e, ainda que indiretamente, por suportar, na qualidade de acionistas, o pagamento das indenizações eventualmente determinadas pelo Poder Judiciário norte-americano. Sempre respondi que tal crítica não tem fundamento, exatamente porque não se deve reprovar aqueles que procuram seus direitos, dentro dos limites permitidos pela lei, mas, sim, aqueles que os violam.

Uns garantiam que a *Class Action* não daria em nada, outros achavam que a ação tinha sido uma investida desnecessária contra a Petrobras (e, diziam, contra a imagem do país no exterior). A "culpa" remonta, de certa forma, a Getúlio Vargas, que divulgou tão bem o lema "O petróleo é nosso", da campanha de monopólio estatal na década de 1950. Talvez por isso muitos brasileiros consideram que a empresa se confunde, em parte, com o próprio Estado.

Não foram poucos os críticos a entender, nesse sentido, que a *Class Action* seria deletéria aos interesses nacionais. Alguns agiam de má-fé, outros, por motivos inconfessáveis. Aproveitavam-se do espaço na imprensa para nos acusar, por exemplo, de estar agindo contra o partido que ocupava o governo. Eu sempre respondi que nosso objetivo era exatamente o de proteger a imagem do Brasil, impedindo que atos assombrosos de corrupção prejudicassem ainda mais nossa reputação perante o mercado internacional. A logo prazo, a opção pelo silêncio inerte traria prejuízos ainda maiores à inserção econômica do país (e suas empresas) lá fora.

Hoje vejo que aqueles que procuraram confundir e enganar a população não conseguiram, pois, como ensinava Buda, existem três coisas que não podem ser escondidas para sempre: o Sol, a Lua e a verdade.

Como não poderia deixar de ser, a verdade sobre a corrupção na Petrobras veio à tona, de forma serena e inexorável, estarrecendo a população do país e contribuindo para desencadear uma série de eventos que levaram a um caos político e institucional – caos que só veio a se agravar com o *impeachment* de Dilma Rousseff, em 2016.

É por isso que, ante todo esse quadro de dubiedade moral, sinto-me reconfortado por ter me posicionado no lado correto da história, sentimento que compartilho com minha equipe, que jamais cedeu diante das pressões, das críticas, das ameaças, da invasão de nosso escritório (sim, isso ocorreu), do *hackeamento* de nossos computadores e telefones, dentre inúmeros golpes baixos que nem mesmo merecem referência.

Sou muito grato aos meus sócios Rafael Zinato, Leonardo Palhares, Andrea Seco e Natalie Yoshida, que, além de compartilharem de minhas ideias, sempre demonstraram firmeza diante dos desafios a que todos nós, em maior ou menor grau, fomos submetidos.

É necessário que se esclareça, de forma definitiva, que a investida contra a Petrobras não foi feita por aqueles que, usando os instrumentos jurídicos legalmente disponíveis, procuraram a reparação dos danos que lhes foram causados.

Muito pelo contrário: é preciso que, ante tantas "interpretações", assevere-se, sem medo, em alto e bom som, que quem investiu contra a Petrobras (e, por consequência, contra a dignidade de todo o país) foram aqueles que, exercendo o controle de uma das maiores empresas do mundo, usaram o poder para corromper e serem corrompidos, saquearam o patrimônio público e violaram as leis e os mais básicos princípios éticos.

3. IN RE: PETROBRAS SECURITY LITIGATION

Abro espaço aqui para descrever a *Class Action* de forma técnica. Isso pode tornar a leitura um pouco difícil para aqueles que não estão familiarizados com o tema, porém mais interessante e útil aos que almejam aprender sobre o desenvolvimento de uma ação como esta no Poder Judiciário norte-americano.

Diante das dificuldades de traduzir certos termos técnicos que não têm correspondência exata na língua portuguesa – devido às diferenças existentes entre os institutos legais brasileiros e norte-americanos –, fez-se necessário, por vezes, incluir algumas explanações adicionais. Para aqueles que tiverem interesse em ler a versão original do processo, aviso que algumas das principais peças e decisões judiciais estão reproduzidas no final deste livro.

A *Class Action* foi ajuizada no dia 8 de dezembro de 2014 perante a corte de Nova York, tendo como autor o americano Peter Kaltman. Embora tenha se encarregado de dar o pontapé inicial no processo, Kaltman não era a única parte da ação, uma vez que o intuito de uma *class action*, como ação coletiva, é justamente o de unificar um grupo de pessoas que tenham sofrido prejuízo semelhante.

Inicialmente, a ação tinha como réus a Petrobras, o ex--presidente da companhia José Sergio Gabrielli de Azevedo e sua sucessora no cargo Maria das Graças Silva Foster, além do ex-diretor financeiro da empresa Almir Guilherme Barbassa. Foi entregue à *United States District Court for the Southern District of New York*, uma corte federal.

Os Estados Unidos são organizados como uma República federativa: assim como no Brasil, existem cortes federais com competências específicas espalhadas por todo o país, o equivalente às nossas varas federais. Por sua vez, os tribunais federais, responsáveis por julgar os recursos interpostos face às decisões de tais cortes, são denominados *United States Courts of Appeals*. A competência territorial das *United States Courts of Appeals* é delimitada por distritos (*districts*), de maneira similar à que ocorre com os Tribunais Regionais Federais do Brasil, divididos em cinco regiões.

Instituída em 1789, a *United States District Court for the Southern District of New York* é uma corte com importância não só local, mas também internacional, posto que tem jurisdição sobre o principal centro financeiro do mundo. Seus 28 magistrados decidem casos envolvendo interesses econômicos extremamente relevantes.

Os fatos e fundamentos descritos na petição inicial podem ser resumidos nos tópicos a seguir – e vale lembrar que, na data de ajuizamento da ação, muitas das revelações feitas pelos delatores no âmbito da Operação Lava Jato ainda não eram de conhecimento público:

a. A *Class Action* tinha como objetivo defender judicialmente os interesses de uma "classe" formada por todas as pessoas (físicas e jurídicas) que adquiriram ADS (semelhantes às ações) da Petrobras na Bolsa de Valores de Nova York entre 19 de maio de 2010 e 21 de novembro de 2014, período abarcado pela *Class Action*;

b. Os membros da "classe", por sua vez, pleiteavam indenização pela violação, por parte da Petrobras, da legislação aplicável ao mercado de valores mobiliários norte-americano (*Securities Exchange Act of 1934*);

c. A Petrobras, durante o período abrangido pela *Class Action*, apresentou às autoridades do mercado de valores mobiliários americano (*Securities Exchange Commission*) documentação com informações falsas e enganosas, isto é, que não correspondiam à realidade dos fatos e que induziram os investidores a erro, uma vez que em nenhum momento se referiam ao esquema de corrupção sistêmica existente na empresa pelo menos desde 2006;

d. A Petrobras, em consequência, informou incorretamente (para maior) os valores dos ativos constantes em suas demonstrações financeiras.

e. No balanço da companhia, os ativos eram registrados pelo valor pago em cada contrato, e estes contratos eram inflacionados para abarcar o valor das propinas pagas. Ou seja, na realidade, o valor dos ativos era evidentemente menor do que aquele efetivamente contabilizado (o que aconteceu com inúmeros investimentos, tais quais as refinarias de Pasadena, em Houston, e Abreu e Lima, em Pernambuco);

f. Ao informar incorretamente o valor dos ativos da companhia, a Petrobras induziu os investidores a erro;

g. A Petrobras não apresentou informações verídicas no tocante a seus controles internos, deixando de mencionar as falhas existentes e a maneira como estas afetavam suas operações financeiras;

h. Uma vez que muitos dos principais executivos da Petrobras, como Renato de Souza Duque e Paulo Roberto Costa, participavam ativamente do esquema de corrupção, sem que quaisquer atitudes fossem tomadas para combatê-lo, é possível imputar a culpa do ocorrido à companhia;

i. A revelação de que a Petrobras teve de ajustar os valores de seus ativos, inflacionados em demonstrações financeiras anteriores, fez com que os ADS da empresa negociados na Bolsa de Nova York caíssem de US$

19,38, em 5 de setembro de 2014, para US$ 10,39, em 24 de novembro de 2014 – desvalorização de mais de 46%;

j. Existia uma "classe" (ou *class*, em inglês) de acordo com os critérios aplicáveis às *class actions*, e com um número de membros que tornaria impraticável a participação direta de todos no processo. Existiam também questões de fato e de direito comuns a todos, de forma que a decisão judicial poderia ser aplicável à mesma razão em nome de todos os afetados;

k. Ocorrera violação, dolosa e consciente, por parte da Petrobras, das regras aplicáveis ao mercado de valores mobiliários, no tocante à veracidade e fidedignidade das informações fornecidas;

l. A descrição detalhada das informações inverídicas e enganosas fornecidas pela Petrobras (no período a que se refere a *Class Action*) revelava a ocorrência de irregularidades em suas declarações e demonstrações financeiras, já que seus executivos aceitavam subornos de determinadas empresas, em violação ao código de ética da própria Petrobras. Ou seja, as práticas de controle interno eram ineficazes;

m. A descrição pormenorizada das descobertas feitas no âmbito da Operação Lava Jato comprovava, com dados precisos, o funcionamento do esquema de corrupção existente na Petrobras;

n. Por meio de seus principais executivos, réus na *Class Action*, a Petrobras havia fornecido informações inverídicas e enganosas de forma a enganar os investidores, em incontestável fraude ao mercado. Cabia, portanto, responsabilizar a empresa no tocante aos prejuízos sofridos por tais investidores, uma vez que o mercado confiara na presunção de veracidade das informações apresentadas, aumentando artificialmente o valor dos títulos da companhia;

o. O pedido de indenização equivalia ao prejuízo incorrido em decorrência dos atos ilegais praticados pelos réus.

Na sequência do dominó jurídico iniciado por nossa *Class Action*, ações similares foram ajuizadas por outros investidores representados por diferentes escritórios. Todas copiavam integralmente os fatos jurídicos, os exemplos de má gestão e os fundamentos da primeira *Class Action* apresentada à corte.

Coube ao próprio juiz Jed S. Rakoff, titular da corte em que o processo era julgado, consolidar as demais *class actions* em apenas uma. A decisão foi proferida em 17 de fevereiro de 2015.

Após o ajuizamento da ação, deu-se sequência ao procedimento exigido em casos de *class actions*, e o juiz Rakoff determinou que fosse publicado um edital de chamamento para que os membros da classe que tivessem mais interesse no processo (e, por interesse, leia-se "perdas") ingressassem ativamente no litígio até 6 de fevereiro de 2015. Assim, poderiam pleitear a liderança do caso, ou seja, a posição de *lead plaintiff*.

O *lead plaintiff* (em tradução aproximada, o líder da ação) é um dos autores da ação, que é nomeado pelo juiz para assumir a liderança do caso e ser o principal responsável por conduzir o processo em nome de toda a classe.

Claro que, por se tratar de uma *class action*, todos os que pertencem àquela classe podem se beneficiar da decisão final, independentemente de quem tenha ajuizado a ação, ou de quem venha a ser escolhido seu líder. Só não serão beneficiados os que optarem expressamente por não participar da classe (e que o fazem, geralmente, para em seguida abrir um processo individual, na esperança de ganhos maiores).

Normalmente, a escolha do líder da ação leva em conta três critérios básicos, sopesados pelo magistrado: o conhecimento da causa, o maior volume em perdas e o maio número de clientes.

É exatamente neste momento que os escritórios de advocacia começam ansiosamente a cortejar pessoas jurídicas e fundos de investimento que tenham sofrido perdas em volumes enormes, na tentativa de se firmar o líder da ação.

Dentro da data determinada, a corte recebeu nove pedidos de nomeação para o posto de líder da *Class Action*. No dia 4 de março de 2015, por fim, o juiz Rakoff nomeou o requerente Universities Superannuation Scheme Limited (USS), da Inglaterra, como líder da ação, aprovando também como seu representante legal o escritório Pomerantz LLP, de Nova York.

O juiz Rakoff inovou ao colocar a liderança nas mãos do USS, uma vez que a prática corriqueira é pela escolha do aderente com maior interesse econômico. Por este critério, a nomeação recairia sobre o grupo Skagen-Danske, conglomerado da Noruega e da Dinamarca que alegara ter sofrido prejuízos que somavam US$ 267 milhões. Já as perdas do USS eram de US$ 84 milhões.

No entanto, vale ressaltar que o Universities Superannuation Scheme é um dos maiores fundos de pensão do Reino Unido, administrando US$ 65 bilhões pertencentes a professores e funcionários de universidades britânicas.

O Pomerantz LLP, por sua vez, é um tradicional escritório de *securities litigation* de Nova York, com mais de 80 anos de prática neste segmento. Ainda assim, a notícia foi recebida com surpresa por um de seus sócios, Jeremy Lieberman, como se lê no relato a seguir:[24]

> "Lieberman soube da escolha por um telefonema que recebeu de sua secretária. 'Achei que ela havia se enganado', contou-me. 'Éramos os azarões. Os dinamarqueses haviam perdido muito mais dinheiro. E eu ainda por cima tinha saído mais cedo, no dia da defesa oral, porque era *shabat*.' Confirmado que estava à frente do caso, celebrou: 'Me senti o máximo.' (...) Jeremy Lieberman é um judeu ortodoxo de corpo rechonchudo, cabelo preto e barba rala. Tem 42 anos, sete filhos e mora na região do Queens, onde também fica sua sinagoga. Integra desde 2004 o escritório Pomerantz, pelo qual já advogou em mais de cinquenta ações coletivas. A maior delas, contra uma empresa de tecnologia chamada Comverse, resultou, seis anos atrás, num acordo de 225 milhões de dólares. Tornou-se sócio da casa. O escritório, que ocupa o 20º andar de um edifício espelhado na parte central de Manhattan, tem decoração sóbria e paredes claras. Sobre a mesa, na sala de espera, há um catálogo

[24] KAZ, Roberto. *O petróleo é deles: A história do processo de bilhões de dólares movido contra a Petrobras nos Estados Unidos.* Revista PIAUÍ, São Paulo, jun. 2016, p. 48-54.

onde se lê que 'o espírito pioneiro' do fundador, Abraham L. Pomerantz, sobrevive em processos como o da Petrobras, 'um dos maiores escândalos de corrupção e propina do século XXI'. Lieberman trabalha numa sala surpreendentemente pequena e desarrumada.

Era meio-dia de uma sexta-feira. Perguntei se Lieberman ouvira falar do caso da Petrobras antes do dia 8 de dezembro de 2014, quando a petição inicial foi protocolada por André de Almeida. 'Não', admitiu. 'Era fim de ano, véspera de Natal, as coisas andavam devagar aqui no escritório. Naquela época eu não entendia a profundidade da fraude, e não sabia até que ponto o governo brasileiro estava envolvido.' Diz ter assuntado com advogados de outras firmas, que lhe perguntaram, surpresos, 'se o caso valia a pena'. De toda forma, como seguro morreu de velho, achou prudente protocolar uma petição quatro dias mais tarde (a prática é comum em *class actions*; por receio de perder uma oportunidade de lucros, escritórios entram em processos sem saber ao certo do que tratam).

Assim, no dia 12 de dezembro daquele ano, Lieberman entregou um pedido praticamente idêntico ao de Almeida, com a diferença de que representava outro acionista, Jonathan Messing, que detinha 80 mil dólares em papéis da Petrobras. 'Mandamos e-mails para alguns clientes que poderiam ter ações da empresa, e o senhor Messing nos respondeu', explicou. Uma vez inscrito, passou a estudar o caso. Logo entendeu que a briga, ali, seria de cachorro grande – e que, se quisesse ter chance de vitória, precisaria representar um cliente de porte. Viajou então à Inglaterra para encontrar os diretores do Universities Superannuation Scheme, um fundo universitário de 65 bilhões de dólares – o maior do Reino Unido –, que gerencia a pensão de 300 mil pessoas. 'Eles já eram clientes nossos de casos passados, mas nunca tinham liderado uma

> *class action* antes', contou-me. O acordo foi firmado. Meses depois, a dupla formada pelo fundo e pelo escritório seria escolhida para liderar a ação. Lieberman diz ter mais de quarenta pessoas trabalhando no caso: 'Já gastamos milhões de dólares.' Quando um escritório de advocacia é apontado líder de uma ação coletiva, ele fica incumbido de entregar um novo texto à corte, atualizado, representando o interesse de todos os membros da classe."

Nossa estratégia, em conjunto com o Wolf Popper, havia sido a de apresentar exemplos de pessoas comuns: aposentados brasileiros que haviam perdido dinheiro e tido suas vidas afetadas por confiar nos balanços da Petrobras.

É claro que estávamos cientes de que os escritórios que representavam grandes investidores institucionais tinham chances maiores de serem escolhidos *lead plaintiff* da ação, como acabou se confirmando, mas havia no nosso posicionamento uma escolha de dar voz e rosto às vítimas, para que não fosse ignorado o caráter humano das consequências dos atos praticados.

E, claro, acrescia-se o fato, já mencionado, de que os investidores brasileiros de grande porte manifestaram receio de aderir à causa. Assim, não assumiam riscos políticos e ainda poderiam ser beneficiados pela decisão final, sem o ônus de participar ativamente dela.

Dessa forma, um caso que deveria envolver grandes investidores institucionais do Brasil contra a maior empresa brasileira teve como líder um fundo de investimentos britânico, sinalizando a incompreensão dos bancos, fundos e agentes financeiros nacionais quanto à dinâmica das relações no mercado internacional de capitais.

Em 17 de abril de 2015, a Petrobras protocolou sua defesa (motion to dismiss), que pretendia extinguir todo o processo antes mesmo de uma análise mais aprofundada das alegações apresentadas pelos investidores.

Publiquei um texto, em parceria com minha sócia Natalie Yoshida, em que dizia:[25]

> "Em sua defesa, os réus alegaram que os relatórios publicados na mídia informando sobre a solidez da Petrobras, sua rígida proteção contra a corrupção e projeção financeira próspera consistiram em meras opiniões otimistas e não se basearam em avaliações científicas do negócio. Desta forma, não teria existido dolo ao divulgar tais declarações ao público em geral.
>
> Os réus alegaram também que os autores não cumpriram os requisitos para propor uma ação com base na Securities Exchange Act pois, além de outros requisitos, uma ação baseada nesta lei deveria especificar exatamente quais demonstrações financeiras da Petrobras teriam sido fraudadas e apontar as razões concretas pelas quais seriam incorretas. Apontaram que os autores não dispunham de fundamento em suas alegações, pois estariam utilizando apenas dados de investigações criminais brasileiras não conclusivas e trabalhando em cima de suposições, não fatos.
>
> Os réus alegaram ainda que a Petrobras é somente vítima de todo o imbróglio e que o esquema de corrupção foi orquestrado por executivos de empreiteiras que atuavam em forma de cartel, com a participação de poucos e determinados

[25] ALMEIDA, André de. YOSHIDA, Natalie. A *Class Action* contra a Petrobras. Revista de Direito Recuperacional e Empresa | vol. 3/2017 | Jan - Mar / 2017DTR\2017\586.

funcionários dentro de uma empresa que conta com mais de 80 mil colaboradores."

A Petrobras foi representada pelo escritório nova-iorquino Cleary Gottlieb Steen & Hamilton, um dos mais poderosos dos Estados Unidos, com filiais em dez países e cuja sede ocupa 11 andares altos de um edifício com vista para o One World Trade Center, no centro financeiro de Nova York.

Estava claro que a Petrobras iria se valer de todo seu know-how e poderio econômico na defesa.

Por sua vez, a réplica dos investidores, protocolada pelos advogados do Pomerantz no início de maio de 2015, rebateu amplamente os argumentos apresentados pela Petrobras, colocando-a no centro do esquema de corrupção e exigindo da companhia que se responsabilizasse pelos atos ilícitos praticados por membros de sua diretoria-executiva.

A réplica citou ainda os números apresentados pelo balanço financeiro da companhia no ano de 2014, que registrou uma desvalorização de seus investimentos na casa de R$ 44 bilhões, ampliando o retrato dos prejuízos sofridos em virtude dos escândalos em que a empresa se envolvera na última década.

Em 16 de junho de 2015, foi apresentada pelo líder da ação o que pode se denominar emenda consolidada da inicial.

Naquela oportunidade, o escritório Pomerantz, em conjunto com o Almeida Advogados, concluiu ser importante fornecer ao juiz uma visão abrangente, que tratasse das consequências políticas que o escândalo da Petrobras havia gerado para o Brasil.

Tal estratégia era essencial para dar a dimensão exata dos fatos discutidos, evidenciando que tinham não apenas importância econômica – no fundo, estavam inseridos num contexto mais amplo, que envolvia uma reação da população brasileira à corrupção sistêmica.

Considero tal manifestação uma das mais importantes em todo o processo da *Class Action*, pois tínhamos apenas aquela oportunidade de rebater a *motion to dismiss* e seguir com a demanda judicial.

Era preciso demonstrar, portanto, que a petição inicial estava correta tecnicamente e, para além da qualidade jurídica, que se inseria num cenário político, social e cultural extremamente injusto, cenário este estranho para o juiz da causa e, por que não?, para qualquer investidor de um mercado de capital sério e civilizado.

Em primeiro lugar, era necessário rebater tecnicamente os argumentos frágeis, mas bem trabalhados da Petrobras. Em segundo, e mais importante, era necessário instar, seduzir e convencer o juiz da causa de que o processo tinha conotação muito maior do que o prejuízo em si. O que estava em jogo, em verdade, era o futuro da cultura empresarial da sociedade brasileira. Jed S. Rakoff tinha em mãos o maior caso de fraude do mercado de capitais do mundo, que poderia repercutir em todo um país.

Daí o texto que transcrevemos na introdução deste livro, que lançava a atenção do juiz não para fraudes contábeis e de gestão (que eram óbvias), mas para o contexto cultural e político em que os fatos estavam inseridos. Tal tática mostrou-se correta, tendo em vista que, pelo teor de suas decisões posteriores, o juiz demonstrou ter compreendido exatamente tudo aquilo que o caso representava.

Logo depois, naquele mesmo mês de junho, foi julgada a defesa preliminar oposta pela Petrobras, a *motion to dismiss*. Em uma decisão similar ao que seria em nosso direito o despacho saneador, o juiz Jed S. Rakoff definiu quais dos pedidos postulados pelos investidores seriam levados a cabo. Rejeitou parcialmente as razões apresentadas na *motion to dismiss* e garantiu o prosseguimento da ação até seu julgamento final, determinando o início da fase probatória, a chamada *discovery phase*.

Embora a decisão fosse amplamente favorável aos investidores, é preciso ressaltar que algumas das teses postuladas pela Petrobras em sua *motion to dismiss* foram acatadas pelo juiz. Cito duas: o reconhecimento da prescrição em relação aos prejuízos provenientes das ações comercializadas na oferta pública realizada no dia 1º de fevereiro de 2010, bem como a impossibilidade de se pleitear, perante a Justiça americana, prejuízos oriundos da compra e venda de ações emitidas no mercado brasileiro.

A fundamentação da referida decisão foi publicada em 30 de julho de 2015, acerca da qual já escrevemos:[26]

[26] 3º Informativo sobre a *class action* contra a Petrobras. André de Almeida e Natalie Yoshida. Disponível em http://www.migalhas.com.br/dePeso/16,MI225465,101048--3+Informativo+sobre+a+class+action+contra+a+Petrobras

"Ao longo das mais de 40 páginas da fundamentação, chama-se atenção à decisão sobre as projeções financeiras e os relatórios da governança corporativa da Petrobras. Segundo alegado pela estatal, os relatórios publicados na mídia consistiram em meras opiniões otimistas, não tendo como base avaliações científicas do negócio. A empresa alega ainda que em nenhum momento houve dolo ao divulgar tais declarações ao público em geral.

Por sua vez, o magistrado respondeu que a publicidade otimista não infringe as leis referentes ao mercado de ações americano. Contudo, as publicações feitas pela Petrobras, de forma repetitiva, no esforço de reafirmar a integridade da companhia ao mercado, poderiam ter sido definitivas na decisão de investimento dos autores da ação.

Ademais, afirmou o juiz que a publicidade otimista é permitida exclusivamente se realizada sem dolo. No caso da Petrobras, porém, existem fortes indícios de que os administradores da estatal sabiam dos escândalos de corrupção ao tempo das publicações, sendo impossível negar o dolo contido nos relatórios. Portanto, não procederia o argumento da Petrobras de que as suas declarações de investimento consistiram em mero "*puffery*" (algo como "fanfarronice").

Apesar da decisão favorável aos investidores, o magistrado também concedeu certos pedidos feitos pela Petrobras. Na doutrina americana, a *Class Action*, assim como as demais ações referentes ao mercado de capitais, está sujeita ao *statute of repose* (em tradução literal, estado de repouso) que preceitua que, em evento algum, uma ação judicial pode ser proposta após três anos da oferta pública de um valor mobiliário.

Assim, o juiz decidiu que o direito de ajuizar qualquer medida judicial contra a Petrobras referente à oferta pública de ações realizada em 1º de fevereiro de 2012 estaria prescrito.

> Além disso, a Petrobras também alegou que todos os acionistas que adquiriram ações da companhia comercializadas na Bolsa de Valores de São Paulo (Bovespa) e, simultaneamente, American Depository Receipts, as ADRs, deveriam submeter seus conflitos exclusivamente à arbitragem no Brasil, e não à corte de Nova Iorque. O argumento decorre do disposto no estatuto social da Petrobras, que estabelece que as disputas ou controvérsias que envolvam a companhia, seus acionistas, os administradores ou conselheiros fiscais, devem ser resolvidas por arbitragem no Brasil.
>
> Entretanto, a interpretação extensiva do estatuto da Petrobras não foi aceita pelo magistrado. No seu entendimento, os investidores que adquiriram simultaneamente valores na Bovespa e na Bolsa de Nova York têm o direito de cobrar indenização na Justiça norte-americana, considerando-se a máxima de que ninguém é obrigado a participar de arbitragem sem prévio e expresso consentimento."

Iniciada a *discovery phase*, são apresentados depoimentos, interrogatórios, provas documentais e perícias que comprovem as alegações das partes. Ocorre que, nos Estados Unidos, ao contrário do Brasil, a colheita das provas é essencialmente extrajudicial, competindo às partes realizá-la, arcando inclusive com os custos.

A propósito, abro aqui um parêntese para expressar minha opinião sobre o modelo norte-americano de "privatizar" a produção de provas. Ao delegar a elaboração das provas diretamente às partes – ao contrário do que se pratica no Brasil, onde o juízo é responsável também por esta tarefa –, o sistema dos Estados Unidos confere mais agilidade à solução dos processos judiciais.

Assim, existe uma legislação específica que determina as formas pelas quais as partes podem obter as provas de que necessitam, o que normalmente ocorre por meio de interrogatórios, requisição de documentos (inclusive para a parte ex adversa) e a colheita de depoimentos de testemunhas. Trata-se, a meu ver, de um modelo muito interessante e que poderia ser adotado no Brasil, com algumas adaptações, por exemplo, em casos nos quais não exista entre os litigantes uma parte manifestamente hipossuficiente.

Por evidente, o magistrado poderá, se entender necessário, intervir na fase probatória, caso suspeite de alguma falha ou omissão, algo de particular importância numa *class action*, que reúne o interesse de diversos membros que não integram diretamente a relação processual e que podem ser prejudicados pela produção deficiente de provas.

Assim, a qualificação de uma ação judicial como *class action* depende do cumprimento cumulativo de uma série de requisitos, quais sejam: (i) a viabilidade de litisconsórcio; (ii) a existência de questões comuns de fato ou de direito; (iii) a tipicidade, ou seja, identidade de pretensões ou defesas entre o representante e a classe; e (iv) a representação adequada.

A *motion for class certification* foi protocolada em 15 de outubro de 2015, e sobre ela já tivemos a oportunidade de esclarecer:[27]

---

[27] 5º informativo sobre a *Class Action* contra a Petrobras André de Almeida e Natalie Yoshida http://www.migalhas.com.br/dePeso/16,MI229550,510455+informativo+sobre+a+Class+Action+contra+a+Petrobras

"O objetivo principal consiste em certificar a ação judicial definitivamente como uma ação de classe, que representará os interesses de todos os investidores que adquiriram American Depositary Receipts da Petrobras, entre 22 de Janeiro de 2010 e 28 de julho de 2015 ("*Class Period*").

Para este fim, os *lead plaintiffs* buscam demonstrar que os requisitos da lei das *class action*s no ordenamento jurídico americano, a Rule 23, foram realmente cumpridos.

O primeiro dos requisitos é comprovar a necessidade de agregar todos os investidores prejudicados pelas fraudes da Petrobras em um único litisconsórcio ativo. O cumprimento dessa obrigação foi demonstrado na *Motion for Class Certification* através da afirmação de que milhares de acionistas chegaram a sofrer diminuição do seu patrimônio, devido aos escândalos de corrupção da Petrobras. Desta forma, julgar a ação individual de cada um desses acionistas seria extremamente custoso ao sistema judiciário americano, além de gerar o risco de decisões controversas sobre o tema.

O segundo requisito refere-se à existência de questões de fato e de direito comuns a todos os membros da classe. Essa imposição também foi prontamente atendida pelos *lead plaintiffs*, que alegaram que todos os membros da classe suportaram prejuízos decorrentes das mesmas demonstrações financeiras dolosamente fraudadas pela estatal e das mesmas falhas no cumprimento das políticas anticorrupção da companhia. Logo, o dano comum vincularia todos os investidores.

O terceiro e o quarto requisitos dizem respeito à representação adequada de todos os membros da classe pelos *lead plaintiffs*.

Sobre esses requisitos, a peça argumenta que os *lead plaintiffs* também foram prejudicados pelas omissões e declarações falsas da Petrobras, logo, os argumentos utilizados para provar a responsabilidade civil da petrolífera seriam os mesmos utilizados por qualquer outro investidor. Assim, toda classe estaria bem representada pelos *lead plaintiffs*, pois os argumentos da ação são comuns a todos os investidores e predominam sobre qualquer aspecto individual que possa ser levantado por um acionista específico.

Com relação aos argumentos comuns à classe utilizados na *Class Action*, os *lead plaintiffs* alegam ainda que não seria necessário provar o dolo e o nexo de causalidade entre as fraudes da Petrobras e os danos sofridos pelos investidores, mas apenas a materialidade das declarações falsas e das omissões da estatal, segundo a Teoria da Fraude ao Mercado.

A Teoria da Fraude ao Mercado da doutrina americana funda-se na tese de que, em um mercado de valores mobiliários desenvolvido, o preço de cada ação comercializada é determinado pelas informações disponíveis de sua companhia e os seus negócios. Desta forma, as declarações financeiras fraudadas prejudicam investidores, mesmo se estes não se basearam diretamente nas publicações da companhia.

Ainda sobre a abrangência das declarações da Petrobras, os *lead plaintiffs* afirmam que durante o class period foram publicados mais de 20 mil artigos por especialistas no mercado de ações sobre a Petrobras. Todos os artigos tomaram como base informações incorretas sobre a companhia e, assim, ajudaram a confundir investidores da companhia.

Além de cumprir os requisitos da Rule 23, a *Motion for Class Certification* buscou também a certificação de quatro grandes investidores como *lead plaintiffs*. São eles a Universities Superannuation Scheme Limited, a North Carolina Department of State Treasurer, a Employees' Retirement System of the State of Hawaii e a Union Asset Management Holding AG, que, no total, sofreram aproximadamente US$ 100 milhões em prejuízos pelas fraudes da Petrobras.

Em 2 de fevereiro de 2016, a *motion for class certification* foi julgada procedente. O juiz certificou a *Class Action* como representativa de todos os investidores que: (i) adquiriram entre 22 de janeiro de 2010 e 28 de julho de 2015, inclusive, ações da Petróleo Brasileiro S.A., incluindo títulos de crédito emitidos pela Petrobras International Finance Company S.A. e/ou pela Petrobras Global Finance B.V. na Bolsa de Valores de Nova York ou de acordo com outras transações internas; e (ii) adquiriram títulos de crédito emitidos pela Petróleo Brasileiro S.A., Petrobras International Finance Company S.A., e/ou Petrobras Global Finance B.V., em transações internas, de forma direta, de acordo com e/ou de forma relacionada com a oferta pública de 13 de maio de 2013 registrada nos Estados Unidos e/ ou a oferta pública de 10 de março de 2014 registrada também nos Estados Unidos.

Após a certificação da ação como coletiva, normalmente abre-se a possibilidade de conciliação entre as partes, o que é frequente na maioria dos casos, já que o altíssimo valor das indenizações e das custas processuais não estimulam as partes, principalmente o réu, a aguardar por uma decisão final do juiz da causa.

No entanto, a Petrobras apresentou recurso face à decisão, pedindo a suspensão do andamento da *Class Action*.

Ao recepcionar o recurso, a Corte de Apelações não se manifestou sobre a eventual paralisação (efeito suspensivo) dos procedimentos relativos à *Class Action* na Corte Federal.

Segundo a legislação local, a recepção do recurso relativo à certificação da *Class Action* pela corte superior não interrompe os procedimentos da corte inferior, a menos que o juiz distrital ou a Corte de Apelações decidam nesse sentido.

Assim, coube ao juiz Jed S. Rakoff apreciar a concessão do efeito suspensivo aos procedimentos da *Class Action* e de todas as 27 ações individuais de acionistas que haviam optado por ajuizar processos por conta própria, que tramitavam junto com ela na Corte Federal.

Sua decisão foi no sentido de não conceder o efeito suspensivo, uma vez que tal pedido iria interromper 28 processos judiciais. Segundo o juiz, não era possível prever quando o recurso seria definitivamente julgado, e esperar por esta decisão iria penalizar não só as partes envolvidas, mas também seus advogados e o próprio magistrado, que despendera esforços para consolidar todas as ações judiciais.

Sentindo-se privada de seu direito de defesa, a Petrobras recorreu mais uma vez à Corte Federal de Apelações, requerendo uma segunda análise sobre a possibilidade de aplicação do efeito suspensivo. Tal pedido objetivou paralisar o julgamento dos pedidos preliminares e o julgamento principal, agendados inicialmente para os dias 5 de agosto e 19 de setembro de 2016, respectivamente.

Naquela segunda tentativa, a Petrobras foi bem sucedida – ainda que por pouco tempo. Em 12 de julho, a Corte de Apelações deferiu o pedido dos réus, suspendendo temporariamente todos os procedimentos da Corte Distrital até que o recurso sobre a decisão de certificação da *Class Action* fosse apreciado.

A *United States Court of Appeals for the Second Circuit*, tribunal competente para julgar, em grau de recurso, as decisões proferidas no caso, contudo, determinou o prosseguimento da ação.

Após a fase probatória, o rito das *class action*s determina que seja protocolado um pedido denominado *motion for class certification* (pedido de certificação de classe). Logo depois o juiz profere uma decisão denominada *class certification* (certificação de classe), reconhecendo a existência de uma classe, conforme definida pela legislação aplicável, cujos membros poderão, ao fim, ser beneficiados pela decisão proferida naquela ação.[28]

Paralelamente ao andamento da *Class Action*, temos vários outros investidores que preferiram não participar da classe, escolhendo, em lugar disso, interpor ações individuais contra a Petrobras:[29]

> Para além do processo coletivo, a Petrobras ainda enfrenta outros processos individuais nos Estados Unidos – abertos por quem escolheu se desvincular da ação em grupo, na esperança de negociar um acordo próprio e garantir, assim, um retorno financeiro mais alto.
>
> Os reclamantes, variados, vão de fundos de pensão – como o dos empregados da cidade de Nova York – a fundações – como a Bill e Melinda Gates –, passando, claro, por toda sorte de banco. (Os processos individuais, também julgados pelo juiz

---

[28] Esta era a situação da ação no final de 2017, pouco antes de ser anunciado o acordo.

[29] KAZ, Roberto. *O petróleo é deles: A história do processo de bilhões de dólares movido contra a Petrobras nos Estados Unidos.* Revista PIAUÍ, São Paulo, jun. 2016, p. 48-54.

Jed Rakoff, orbitam em torno da ação coletiva, como pequenos peixes que nadam ao redor de um tubarão para comer os restos; serão julgados com base no que for decidido na *class action*).

Tais ações individuais estão baseadas essencialmente nas mesmas alegações da *Class Action*, mas possuem características únicas que não estão contempladas na ação coletiva.

Muitos autores de ações individuais o fazem na expectativa de alcançar indenizações maiores por meio de processos judiciais autônomos. De fato, conforme noticiado pela mídia nacional,[30] a Petrobras chegou a fechar acordos milionários com alguns fundos de investimento (Pimco, Dodge & Cox International Stocks Fund, Janus Overseas Fund e Al Shams Investments), concordando em ressarci-los.

A indenização, nestes casos, costuma ser calculada com base na Teoria do Dano Punitivo (que leva em conta, entre outros critérios, o poder econômico do réu). O alto valor das indenizações não estimula o réu a aguardar por uma decisão final do juiz da causa, razão pela qual sempre acreditamos na possibilidade de um acordo também na *Class Action*, antes mesmo que o juiz decidisse o mérito da ação e pudesse fixar o valor de ressarcimento aos investidores da estatal.

Neste sentido, temos como exemplo o caso da Enron. Em 2002, a gigante de eletricidade e gás natural firmou um acordo bilionário com os investidores prejudicados, antes que fosse concedida uma possível indenização no bojo de uma *class action* então em curso nos tribunais norte-americanos.

---

[30] http://www1.folha.uol.com.br/mercado/2016/10/1825232-petrobras-fecha-acordo-para-encerrar-acoes-de-fundos-na-justica-dos-eua.shtml

Há que se levar em consideração que os limites subjetivos da sentença ou acordo existente no âmbito da *Class Action*, por sua própria natureza, abrangem todos aqueles que pertençam à respectiva classe, ao menos que tenham optado de forma diversa. Ao fim, mesmo aqueles investidores brasileiros com quem conversei no começo do caso, e que preferiram manter-se em silêncio por medo de represálias, serão beneficiados.

A *Class Action* já estava bem encaminhada e confiava na solidez da tese e do excelente trabalho jurídico realizado.

Sentia-me satisfeito com a contribuição e seguro em afirmar, como Paulo, que "combati o bom combate, terminei a corrida, guardei a fé".[31]

Aguardava, finalmente, que a justiça fosse feita.

[31] Bíblia Sagrada. Timóteo 4:6-8.

Capítulo III

Uma *Class Action* tropical: um olhar analítico sobre o nosso direito

1. BUSCANDO A JUSTIÇA NO BRASIL

Já mencionei, no capítulo anterior, a existência de críticas à *Class Action*. A alegação mais comum é a de que os investidores estrangeiros conseguiriam ser indenizados, em detrimento dos acionistas nacionais, que seriam duplamente penalizados, em primeiro lugar porque não receberiam indenização no Brasil – visto que nossa legislação não dispõe de um mecanismo que os defenda aos moldes da *class action* – e, em segundo lugar, porque na qualidade de acionistas, teriam de suportar o ônus econômico do pagamento de eventuais indenizações determinadas pela justiça norte-americana.

Também afirmei anteriormente que não concordo com tal linha de argumentação, pois não se pode impedir ou reprovar aqueles que, dentro dos limites legais, procuram defender seus direitos. Reitero: a reprovação aqui cabe àqueles que violaram a lei e lesaram um enorme número de inocentes.

Mas é evidente que, como brasileiro, sempre tive vontade de resolver a questão daqueles que investiram em títulos da Petrobras no Brasil, principalmente por se tratar de uma questão básica de justiça: se os fatos alegados na *Class Action* podem ser evocados no exterior para demandar uma justa indenização, parece-me absurdo impedir que o mesmo aconteça no Brasil.

A questão tornou-se cada vez mais premente diante do fato de que a Petrobras passou a fechar acordos em algumas das ações de caráter individual existentes no Estado Unidos – antes mesmo de fechar o acordo da *Class Action*. Ou seja: apesar de terem sofrido o mesmo dano, os acionistas estrangeiros tinham os prejuízos reparados, ao passo que os nacionais, não.[32]

A busca de uma solução para os investidores nacionais não foi tarefa simples. Trouxe importantes lições sobre as limitações de nosso sistema jurídico e também de nossa sociedade. Suscitou questões que demandam reflexão e autocrítica, a fim de que possamos avaliar nossa realidade de forma a aperfeiçoar os mecanismos legais de que dispomos para a obtenção de justiça – que, em última análise, é um pré-requisito essencial para a manutenção e a evolução de qualquer sociedade.

Cabe esclarecer que não se trata de comparar os sistemas jurídicos com base numa visão simplista, repetindo, como alguns fazem, que tudo o que vem de fora é melhor.

Pelo contrário. Considero contraproducente qualquer abordagem baseada em sentimentos de autocomiseração. Devemos

---

[32] Nesse sentido, tínhamos informações de que em junho de 2017 tais acordos já haviam ultrapassado o montante de US$ 445 milhões.

ter a coragem de realizar uma autoanálise da forma mais objetiva possível – só assim, será possível chegar a uma avaliação sensata, que aponte para soluções cabíveis e aprimoramentos necessários.

Sobre esta questão, já publiquei, em conjunto com minha sócia Natalie Yoshida e com mais dois advogados americanos, Chet B. Waldman e Emily Madoff, um estudo comparativo (está reproduzido na íntegra ao final deste livro). No texto, que sintetiza nosso entendimento acerca do assunto, concluímos que:

> "Ao contrário das normas brasileiras sobre mercados de capitais, as leis norte-americanas são extremamente mais complexas e detalhadas, sendo que um profundo conhecimento e um bom apoio jurídico são essenciais para o sucesso da reivindicação de um investidor.
>
> Os Tribunais dos EUA estão mais familiarizados com este tipo de ação sofisticada, o que motiva a parte que sofreu os danos a buscar uma compensação justa. Como visto acima, os processos e a sistemática envolvidos nas ações norte-americanas são significativamente diferentes daqueles envolvidos em uma ação semelhante no Brasil. Assim, fatores de fundamental importância, como leis bem desenvolvidas sobre investimentos de mercado de capital e a familiaridade dos tribunais dos EUA com estas ações complexas, constituem incentivos cruciais para o investidor buscar o seu ressarcimento nos EUA por perdas injustas relacionadas a seus investimentos."

Agora, aos fatos.

Antes mesmo de iniciarmos as tentativas de reproduzir, no Brasil, uma ação que obtivesse efeitos similares à *Class Action* – e que pudesse beneficiar uma série de investidores nacionais que não teriam como arcar com os custos envolvidos no ajuizamento e promoção de uma ação tão complexa –, estávamos cientes das dificuldades existentes e do enorme desafio que a tarefa representava.

Mas, por uma questão de princípios e coerência intelectual, avaliamos que valeria a pena dar prosseguimento à tentativa. Começamos então a trabalhar no caso, contando com o valoroso auxílio de nossos sócios da área contenciosa cível, Andréa Seco e Henrique Carmona.

A primeira questão com a qual nos deparamos, de ordem processual, residia no fato de não existir, no ordenamento jurídico brasileiro, uma ação similar ao instituto da *class action* do direito norte-americano, instrumento de grande utilidade e que deveria ser adotado por nosso país.

É certo que a tutela coletiva de interesses individuais homogêneos, como aqueles que se busca defender neste caso, foi introduzida pela Lei 8.078/90 (o Código do Consumidor).[33]

Contudo, a possibilidade de manejo da Ação Civil Pública, por instituições privadas, para a defesa de direitos individuais homogêneos, com efeitos *erga omnes*, ainda não é

---

[33] Art. 81: A defesa dos interesses e direitos dos consumidores e das vítimas poderá ser exercida em juízo individualmente, ou a título coletivo. (...)

Parágrafo único: A defesa coletiva será exercida quando se tratar de: (...) III: interesses ou direitos individuais homogêneos, assim entendidos os decorrentes de origem comum.

Art. 91 Os legitimados de que trata o art. 82 poderão propor, em nome próprio e no interesse das vítimas ou seus sucessores, ação civil coletiva de responsabilidade pelos danos individualmente sofridos, de acordo com o disposto nos artigos seguintes.

adequadamente regulada e nem goza de proteção jurisprudencial suficientemente pacífica.

Ademais, o conceito de classe não é adotado por nossa legislação, embora possa ser deduzido por meio de exegese da definição dada aos interesses individuais homogêneos.

A solução possível, portanto, foi tentar concretizar a demanda por meio de uma construção interpretativa, que dava coerência à aplicação conjunta dos institutos que regularam o microssistema processual para as ações coletivas, introduzidos pelo CDC, em conjunto com a interpretação das disposições da Lei 7.913/89 (Lei da Ação Civil Pública), que é instrumento pioneiro na tutela de direitos individuais homogêneos.

Assim, nosso posicionamento foi o de defender, com base na doutrina, que o ordenamento jurídico brasileiro não apenas permite a proteção coletiva de tais direitos (a partir da aplicação dos princípios processuais do interesse de agir e da efetividade do processo), mas a prestigia, ao entender que ela, a proteção coletiva, é superior à solução por meio de lides individuais.

Tal posição, porém, não é pacífica, envolve riscos e denota lacunas em nosso sistema processual, uma vez que não é aceita sem críticas à possibilidade de obtenção de efeitos *erga omnes*,[34] em particular diante das tentativas do legislador de, em sede

[34] Lei 8.078/90. Art. 103. Nas ações coletivas de que trata este código, a sentença fará coisa julgada: I - *erga omnes*, exceto se o pedido for julgado improcedente por insuficiência de provas, hipótese em que qualquer legitimado poderá intentar outra ação, com idêntico fundamento valendo-se de nova prova, na hipótese do inciso I do parágrafo único do art. 81.

de ação civil pública, limitar os efeitos das decisões judiciais ao limite de competência territorial do órgão prolator.[35]

Assim sendo, ainda que considerada válida a linha argumentativa adotada, teríamos como resultado sentenças judiciais que, se procedentes, provavelmente iriam beneficiar apenas os acionistas da Petrobras residentes no Estado no qual a sentença teria sido proferida.

A segunda questão a ser tratada refere-se à legitimidade para a proposição de tal ação. De acordo com nossa legislação, a possibilidade mais racional seria fazer uso de uma entidade associativa que pudesse ser autora da demanda, na qualidade de substituta processual de uma classe de investidores definidos,[36] por meio do manejo de uma ação civil pública.

Entretanto, devido aos requisitos legais, tal entidade deveria ser uma associação constituída há pelo menos um ano e que incluísse, entre suas atividades institucionais, a proteção à ordem econômica.[37]

---

[35] Lei 7347/85, Art. 16. A sentença civil fará coisa julgada *erga omnes*, nos limites da competência territorial do órgão prolator, exceto se o pedido for julgado improcedente por insuficiência de provas, hipótese em que qualquer legitimado poderá intentar outra ação com idêntico fundamento, valendo-se de nova prova. (Redação dada pela Lei nº 9.494, de 10.9.1997)

[36] Lei 8.078/90: "Art. 82. Para os fins do art. 81, parágrafo único, são legitimados concorrentemente: (...) IV - as associações legalmente constituídas há pelo menos um ano e que incluam entre seus fins institucionais a defesa dos interesses e direitos protegidos por este código, dispensada a autorização assemblear."

[37] Lei 7347/85: "Art. 5º Têm legitimidade para propor a ação principal e a ação cautelar: (...) V - a associação que, concomitantemente: a) esteja constituída há pelo menos 1 (um) ano nos termos da lei civil; b) inclua, entre suas finalidades institucionais, a proteção ao patrimônio público e social, ao meio ambiente, ao consumidor,

Foi a partir dessas necessidades que surgiu minha relação com a Associação dos Investidores Minoritários (AIDMIN), fundada em 2014, por um pequeno grupo de idealistas adeptos da cultura do ativismo minoritário (ou ativismo societário).

O nome da associação, AIDMIN ("ai de mim", quando pronunciado), pareceu-me extremamente feliz em comunicar a que vinha, como que dizendo "preocupe-se comigo".

O objetivo da associação estava claro em seu estatuto: "Artigo 3º. A AIDMIN atuará com a finalidade precípua de promover ações para a proteção da ordem econômica e do desenvolvimento do mercado de capitais no Brasil, de estimular as boas práticas de governança corporativa, de defender os direitos e interesses de investidores no mercado brasileiro de capitais, em especial de investidores detentores de ações não integrantes do bloco de controle de companhias abertas, na qualidade de pessoa física ou jurídica."

A ideia do ativismo societário é relativamente nova no Brasil. Nosso Poder Judiciário é pouco preparado para decidir sobre este tipo de demanda, pois a governança corporativa não é assunto ordinariamente discutido por nossos tribunais, mais um ponto crucial em que o país precisa evoluir .

Nos Estados Unidos e na Europa, por outro lado, é muito comum que investidores minoritários se agrupem para, em conjunto, influenciar as decisões estratégicas das companhias em que investem, preenchendo papel fundamental no desenvolvimento

---

à ordem econômica, à livre concorrência, aos direitos de grupos raciais, étnicos ou religiosos ou ao patrimônio artístico, estético, histórico, turístico e paisagístico."

do mercado de capitais. Assim, eles passam a ter poder e voz para discordar das resoluções dos membros do conselho ou da diretoria. Não raro, chegam a conseguir vaga na diretoria ou assento no conselho de administração das companhias.

Dessa forma, o ativismo societário assume papel fundamental no funcionamento e desenvolvimento do mercado de capitais, atuando como contraponto às más práticas de governança corporativa.

Cito um artigo da *Financier Worldwide Magazine*, que explica de forma sintética, e não excessivamente técnica, os benefícios de tal prática (em tradução livre):[38]

> "O ATIVISMO SOCIETÁRIO É BOM
>
> Gordon Gekko estava certo. Provavelmente o maior vilão dos negócios na história do cinema, o personagem criado por Oliver Stone e interpretado por Michael Douglas no filme 'Wall Street – Poder e Cobiça', pode servir como um exemplo dos excessos e ambiguidades morais da indústria financeira na década de 1980. É claro que ele não estava certo em praticar condutas ilegais, como a manipulação do mercado, que terminou por levá-lo à prisão.
>
> Mas o argumento feito por ele, na cena mais memorável, para justificar seu plano de assumir o controle da fictícia e excessivamente burocrática Teldar Paper era certo na época, e continua a ser, três décadas depois. Gekko afirmava que 'a

---

[38] Financier Worldwide Magazine. Agosto de 2015. *Shareholder activism is good.* Winer, *Perrie M. e Weber, Robert D. Disponível em:* https://www.financierworldwide.com/shareholder-activism-is-good/#.WcP17_OGPs0. *Acesso em 20.08.17.*

ganância é boa, funciona, esclarece e captura a essência do espírito evolucionário'.

Gekko fazia referência, em seu famoso discurso, ao que hoje nós chamamos de ativismo societário, termo que se aplica a uma série de atividades levadas a cabo por determinados acionistas para impulsionar mudanças e aumentar o valor de mercado de companhias que tenham suas ações negociadas na bolsa de valores.

(...)

Gekko estava certo sobre o fato de que o ativismo societário funciona, tanto nos filmes como no mundo real, onde ele já beneficiou milhões de pequenos acionistas que, individualmente, não poderiam desafiar o *status quo* da administração de grandes companhias.

(...)

Os investidores ativistas há muito já superaram as caricaturas negativas criadas pela indústria do entretenimento, e sua estratégia de investimento já tornou-se amplamente aceita como uma forma de criar valor de mercado para as ações (...) sendo o ativismo visto, atualmente, como uma força legítima para obter-se melhorias na governança corporativa. Investidores institucionais e seus representantes regularmente apoiam as campanhas de ativismo societário, que costumam levar a um aumento dos lucros, do capital investido em pesquisa e desenvolvimento nas companhias.

(...)

Normalmente os objetivos dos acionistas podem ser divididos em três categorias, cada uma focada no aumento da eficiência corporativa e na maximização do valor do investimento feito pelos acionistas.

A primeira categoria consiste na estratégia de mudar a liderança e a governança corporativas. Em companhias sem liderança forte, nas quais falta energia criativa, os ativistas podem propor mudanças tanto no conselho de administração como na diretoria, bem como reavaliar a remuneração dos principais executivos.

(...)

A segunda categoria objetiva aumentar o valor dos investimentos dos acionistas por meio de mudanças estratégicas na corporação-alvo. Isso pode incluir propostas para vender certos ativos ou talvez a própria empresa. Também pode incluir planos para reestruturar o negócio ou implementar medidas de redução de custos.

A terceira categoria envolve melhorias na eficiência do capital investido, seja pelo aumento do valor de retorno do investimento ao acionista, ou por meio de alavancagem financeira.

(...)

Os críticos muitas vezes afirmam que os ativistas estão apenas interessados em ganhos a curto prazo, criando aumentos momentâneos nos preços das ações. Contudo, embora os ganhos a curto prazo resultantes de campanhas de ativistas estejam bem documentados, também foi demonstrado que as campanhas resultam em ganhos substanciais a longo prazo.

Os estudos mostram que os retornos elevados continuam durante o segundo e terceiro anos após uma campanha. As medições do desempenho operacional, como crescimento de vendas, retorno sobre ativos, retorno de capital, fluxo de caixa, ganhos e produtividade, também melhoram durante o segundo e terceiro anos. Finalmente, o impacto sobre a estrutura do capital tende a continuar à medida que as empresas aumentam

> sua alavancagem e reduzem suas reservas de caixa através de pagamentos aos acionistas.
>
> Talvez até mais importante do que os conhecidos benefícios que acompanham as campanhas ativistas lançadas é o benefício geral que a mera presença de ativistas provoca. (...) Isso faz com que os conselhos de administração de todos os mercados se tornem mais eficientes e garantam que estão ativamente a implementar as medidas necessárias para produzir resultados para seus acionistas."

No mesmo sentido, ensina Kenneth H. Traub, com relação ao ativismo societário:[39]

> A necessidade de acionistas ativos decorre de uma questão fundamental nos mercados de capitais: a separação entre a propriedade e a administração. As empresas de capital fechado geralmente não precisam lidar com essa ineficiência, pois os proprietários tendem a ser os administradores e estão ativamente envolvidos na seleção e supervisão dos gestores, como no caso do *private equity*.
>
> A separação de propriedade e gestão em empresas abertas dá origem ao potencial de desalinhamento de interesses. Os interesses dos acionistas geralmente são diretos – trata-se de maximizar o valor de suas ações. Os acionistas podem ter horizontes de tempo diferentes, perfis de risco, considerações fiscais etc. – mas a conclusão é que todos querem ver o valor do investimento maximizado. A liderança das empresas abertas, por outro lado, pode ter motivações variadas, que podem estar bem alinhadas com as dos acionistas, mas também podem incluir fatores como segurança no emprego a longo prazo,

[39] TRAUB, Kenneth. H. *True Hidden Value of Activist Investors*. Disponível em https://www.cnbc.com/id/47017943

defender decisões passadas, defender o status quo, maximizar a compensação pessoal ou ego.

Os acionistas ativos podem ser particularmente eficazes em empresas abertas de baixo desempenho que negociam com um desconto profundo e em que o investidor identificou um conjunto de ações que a empresa pode tomar, mas até agora não conseguiu ou não estava disposta a aceitar, o que irá criar e desbloquear valor. Os investidores ativos efetivos, muitas vezes, não só ajudam a empresa a aproveitar as oportunidades de construção de valor, mas dão confiança ao mercado em uma nova direção que deve beneficiar todos os acionistas.

É interessante notar que, apesar das grandes vantagens do investimento ativista em outras classes de investimentos e da clara necessidade de acionistas ativistas nos mercados de capitais eficientes, conforme articulado acima, poucos investidores nos mercados públicos são realmente ativistas. A grande maioria dos investidores de ações negociadas no mercado são passivos; as decisões que eles tomam são geralmente limitadas à compra e venda de ações: quanto comprar, quanto tempo manter e quando vender. Não fazem nada para influenciar a direção ou o valor das empresas. Isso dá origem a uma necessidade e oportunidade importante para que os investidores ativos e eficazes alinhem melhor os interesses dos acionistas e das empresas.

Entendo que os mercados de capitais se beneficiarão cada vez mais de acionistas ativistas que trabalhem de forma construtiva com as empresas para trazer informações complementares e habilidades para construir valor em benefício de todos os acionistas."

As ideias da AIDIMIN estavam todas de acordo com tais valores.

Conheci a AIDMIN por intermédio de Mauro Cunha, experiente profissional de mercado, então presidente da Associação de Investidores no Mercado de Capitais (AMEC). Antes, Cunha havia sido membro do Conselho de Administração da Petrobras durante os anos que foram objeto da *Class Action*; por várias vezes apontou, nas suas manifestações de voto, a insatisfação e a discordância com as falhas e fraudes cometidas pela má governança corporativa daquela companhia.

A partir de então, interagi com vários membros da AIDMIN e fiquei surpreso, por um lado, com o genuíno idealismo do grupo, que realmente queria implantar no Brasil a cultura do ativismo minoritário ao estilo norte-americano. Por outro lado, também me surpreendeu seu aspecto heterogêneo, já que era formada por pequenos investidores, médicos, profissionais liberais, e até por um fazendeiro de café que hoje vive em Portugal.

Conversando com os membros da associação tive a grata surpresa de encontrar pessoas que já haviam formalizado a criação de uma entidade civil sem fins lucrativos, com o único objetivo de ativamente influenciar, questionar e até processar empresas de capital aberto do Brasil que falhassem na governança corporativa.

Assim, tínhamos tudo em mãos para fazer, dentro do que nossa legislação permitia, uma *class action* à brasileira. Ou seja, tínhamos o autor da ação, a tese jurídica e os indefensáveis atos cometidos pela Petrobras. Faltava convencer o Poder Judiciário brasileiro e também muitos dos pseudo-intelectuais do país da viabilidade do projeto.

Dentre as questões existentes quanto à participação da AIDMIN como autora da ação estava a questão da não aplicabilidade, à ela, da cláusula compromissória estatutária da Petrobras, determinando a solução por meio de arbitragem (seja porque a AIDMIN nunca havia se manifestado favoravelmente à cláusula, seja porque sua posição não era de acionista, e sim de associação representativa dos interesses dos acionistas minoritários da Petrobras, mas sem participação direta no quadro acionário). Assim, não poderia haver qualquer cerceamento do direito de acesso ao Poder Judiciário garantido à associação, cuja personalidade não se confunde com a dos seus representados.

No tocante ao direito material, a questão dos prejuízos e da responsabilidade da Petrobras estava evidente. Mas a principal questão que fundamentava a *Class Action* e que era também o ponto de toque da ACP no Brasil seria o fato de que a companhia, dentro de sua cultura de proteção aos atos de corrupção, adulterara as informações disponibilizadas aos investidores, bem como aquelas fornecidas no âmbito das práticas de controle e anticorrupção e do seu próprio código de ética. A tese era a mesma: irregularidades nos demonstrativos financeiros haviam induzido os investidores a erro, por meio do aumento artificial do preço de suas ações.[40]

[40] Vale considerar aqui que, nas Demonstrações Contábeis Auditadas da Ré, publicadas em 8 de maio de 2015 relativas aos exercícios findos em 31.12.2014, comparadas com o exercício findo em 31.12.2013, apresentou, no Relatório de Administração e Notas explicativas, a existência de atividades que revelaram a prática de operações fraudulentas perpetrada por ela e/ou suas subsidiárias, devidamente consolidadas nas demonstrações publicadas, as quais causaram danos diretos aos titulares de valores mobiliários e aos investidores do mercado. A própria Petrobras descreveu, assim, ajustes realizados em decorrência das fraudes identificadas na "Operação Lava Jato"

Nos Estados Unidos, que têm um histórico mais amplo de defesa dos direitos dos investidores, como anteriormente explanado, todo este escândalo foi rapidamente levado ao Poder Judiciário, pois havia a certeza de que ele estaria apto a julgar tal caso.

O mesmo, entretanto, não poderia ser dito no contexto do Brasil, uma vez que, aqui, o debate sobre a divulgação de informações como parte essencial da boa governança corporativa está apenas se iniciando, como explicou Arnoldo Wald em artigo publicado no jornal "Valor Econômico":[41]

> "Um dos aspectos mais importantes da governança consiste na adequada e constante divulgação de informações, que permitam ao acionista e ao mercado em geral acompanhar a evolução da companhia, dando à mesma transparência. A chamada *disclosure* dos dados e das informações societárias constitui assim o pilar do mercado, pois como já lembrava o "Justice BRANDEIS", da Suprema Corte Norte-Americana, "a luz do sol é o melhor dos desinfetantes".
>
> (...)
>
> A desinformação do investidor, por ação ou omissão da companhia, é sancionada administrativa, penal e civilmente. É uma obrigação legal que decorre da abertura de capital e incide sobre a companhia, de modo que a desobediência do dever de informar constitui, tanto na nossa legislação, como

---

na ordem de R$ 6.194.000.000,00 (seis bilhões, cento e noventa e quatro milhões de reais), relativos a custos capitalizados representando montantes pagos na aquisição de mobilizados em anos anteriores, cujos pagamentos foram indevidos.

[41] Wald, Arnoldo. Governança e informação do acionista. *Valor Econômico*. 23.08.2017, p. E2.

no direito norte-americano, um ato ilícito que enseja o direito dos prejudicados a uma justa indenização.

(...)

A legislação que, inicialmente, referia-se ao acionista e especialmente ao minoritário acabou sendo mais ampla, passando a abranger, a partir de 1989, o investidor, entendendo-se que o bem protegido era a defesa do mercado de capitais, verdadeiro bem público. Tanto assim, que a lei 7.913, de 1989, permitiu que fosse intentada a ação civil pública para garantir o direito à informação e as eventuais indenizações, sem prejuízo dos direitos individuais de cada acionista de responsabilizar a companhia. A Constituição de 1988 determina que a lei defina as responsabilidades da sociedade de economia mista que, no tocante à informação, são, no mínimo, as mesmas que incumbem às demais companhias.

Embora, como vimos, existisse ampla legislação sobre a matéria, pouquíssimos foram os casos submetidos à Justiça.

Recentemente, o problema se tornou mais agudo diante dos prejuízos decorrentes de desinformação causados por diversas grandes empresas brasileiras, que foram acionadas nos Estados Unidos, em processo vultosos de *class action*s, ou em ações individuais, para os quais a Justiça americana se reconheceu competente em relação aos títulos comprados nos Estados Unidos, chamados ADS, mas não no tocante às ações adquiridas no Brasil.

Trata-se pois agora de definir as regras do mercado e de garantir que a informação do acionista que adquiriu ações no Brasil não é simplesmente um princípio programático, mas uma realidade que os tribunais do país consagram pela aplicação de sanções cíveis e penais."

Estas questões, claro, evidenciaram a necessidade de modernização tanto da legislação brasileira, quanto do posicionamento do Poder Judiciário, para que o país consiga garantir mecanismos de proteção efetiva dos acionistas minoritários.[42] É um caminho que necessariamente devemos trilhar para obter segurança e confiança dos investidores no mercado de capitais nacional. Como já disse, este é um dos principais motivadores de nosso envolvimento com a causa.

Diante do ineditismo da ação e das dificuldades inerentes a ela, acima apresentadas, trocamos ideias com diversos colegas, na tentativa de obter visões diversas sobre os temas envolvidos e, assim, ultrapassar as dificuldades existentes. Para tal, iniciamos

---

[42] Neste sentido, vale a pena ressaltar valorosa iniciativa, o lançamento do Código Brasileiro de Governança Corporativa – Companhias Abertas, trabalho conjunto das mais relevantes instituições do mercado de capitais do país, que nasce como uma iniciativa de autorregulação, tendo o grupo de trabalho responsável por sua elaboração firmado que: "(...) em tempos de investimentos globais, é preciso que o Brasil retome a sua posição de destaque em matéria de governança corporativa e dê aos investidores clareza sobre as regras que são seguidas pelas companhias que captam recursos no mercado de capitais. Para isso, foi necessário revisar o patamar atual das práticas de governança corporativa adotadas no país, considerando que códigos de outros mercados já o ultrapassaram e que o Brasil, como signatário dos Princípios de Governança Corporativa do G20/OCDE, aspira atingir, no mínimo, o padrão reconhecido internacionalmente." Dentre os pilares básicos que formam o alicerce sobre o qual se desenvolve a boa governança, nos termos do código, está a transparência, que "consiste no desejo de disponibilizar para as partes interessadas as informações que sejam de seu interesse, e não apenas aquelas impostas por disposições de leis ou regulamentos. Não deve restringir-se ao desempenho econômico-financeiro, contemplando também os demais fatores (inclusive intangíveis) que norteiam a ação gerencial e que conduzem à preservação e à otimização do valor da companhia." Código Brasileiro de Governança Corporativa. Disponível em http://www.ibgc.org.br/userfiles/2014/files/Codigo_Brasileiro_de_Governanca_Corporativa_Companhias_Abertas.pdf; Acesso em, 20.10.2017.

conversas com alguns intelectuais brasileiros que se interessaram pelo tema e buscaram se associar a nós nesse desafio de mover uma *class action* à brasileira. Com o tempo, no entanto, ficou claro que tal parceria não viria a se consolidar. Alguns não conseguiram reverter os sonhos acadêmicos em pragmatismo jurídico, outros tinham interesse somente nos honorários advocatícios da causa, que tinha tudo para ser uma das mais complexas do país.

Decidida de forma definitiva a responsabilidade de nosso escritório pela ação, começamos a trabalhar no caso, tarefa extremamente estimulante, mas também exaustiva, ante os enormes desafios de direito processual e material, devidamente comunicados à AIDMIN. Finalmente, todos os profissionais envolvidos chegaram a um consenso e, em 27 de outubro de 2017, a ação foi distribuída.

Evidentemente, a propositura da ação, da mesma forma que a *Class Action*, despertou grande interesse da imprensa, como se verifica na notícia publicada pela revista "Istoé Negócios":

> "Em ação civil, investidor pede na Justiça indenização por corrupção na Petrobras
>
> Investidores da Petrobras que adquiriram ações no Brasil entraram na Justiça de São Paulo para pedir indenização por perdas com o esquema de corrupção revelado na Operação Lava Jato, da Polícia Federal. O processo é liderado pelo escritório de advocacia Almeida Advogados, que participou também da *class action* movida contra a Petrobras nos Estados Unidos. No Brasil, a ação corre na 6ª Vara do Foro Central de São Paulo e é assinada em conjunto com a Associação dos Investidores Minoritários (Aidmin).

'Tornou-se particularmente premente diante das informações de que a Petrobras está começando a fechar acordos em algumas das ações de caráter individual existentes nos Estados Unidos, por meio da qual concedeu reparação de danos a acionistas que haviam investido no exterior', afirmou o advogado André Almeida, responsável pelo processo, em comunicado.

Ele ainda destacou que a *class action* nos Estados Unidos, que pede indenização de cerca de US$ 7 bilhões, é considerada a maior ação de reparação em curso no mundo. 'A importância de tal ação ultrapassa em muito os significativos valores envolvidos, uma vez que se trata de caso diretamente conectado à maior crise política, econômica e moral já enfrentada por este país', traz o comunicado.

No Brasil, 'o Almeida Advogados buscou soluções para os investidores nacionais', acrescenta."[43]

Na mesma época, fui entrevistado pelo site de notícia jurídicas "Jota",[44] quando apresentei algumas considerações sobre o preparo do Poder Judiciário para o julgamento da causa. Afirmei:

"Não acho o Judiciário brasileiro ruim. Acho que há poucos contenciosos societários no Brasil. O acionista brasileiro acha que compra a ação e não faz mais nada. O americano vigia a empresa, recebe relatórios, lê, vai às assembleias. Ele litiga mais. Ativismo minoritário é mais presente. Isso faz com que exista mais processos, até que o Judiciário entenda mais."

---

[43] Istoé Negócios, em 06.12.2017, Disponível em: https://istoe.com.br/em-acao-civil-investidor-pede-na-justica-indenizacao-por-corrupcao-na-petrobras/

[44] https://jota.info/justica/petrobras-tambem-deve-ressarcir-acionista-brasileiro-07122017

O tom da entrevista, por certo, refletia em alguns momentos nossa frustração diante dos obstáculos que enfrentamos na proposição da ACP, bem como nossa determinação em superá-los.

Recordo-me que, após o ajuizamento da ação, minha sócia Andréa Seco comunicou o fato, internamente, por meio de um e-mail que dizia tão somente "*alea jacta est*", o que resume a sensação de incerteza acerca da reação que teríamos por parte do Poder Judiciário, em frontal contraste com o sentimento de otimismo que tivemos ao distribuir a ação nos Estados Unidos.

Nossos esforços, nesse sentido, são um voto de confiança em nossas instituições, que esperamos estarem preparadas para enfrentar os novos desafios trazidos por uma economia cada vez mais complexa, interagindo com uma situação política cada vez mais instável, num mundo cada vez mais globalizado.

Capítulo IV

O caminho que trilhei

Os americanos costumam repetir uma frase interessante, algo como: "Ninguém vira um astronauta por acidente".

A frase explica, de forma clara e mesmo intuitiva, que a conquista de qualquer resultado excepcional em nossa vida profissional ou pessoal é resultado de muito esforço, preparação e foco.

A *Class Action*, evidentemente, não foi um golpe de sorte ou uma ideia que surgiu aleatoriamente.

Ao contrário. Só foi possível por ser fruto de uma longa jornada pessoal e profissional, que gostaria de dividir com aqueles que tenham interesse no tema, em particular os estudantes de Direito.

O relato da jornada pode ser útil porque permite uma melhor compreensão de como, em termos práticos, nossas escolhas nos levam a diferentes caminhos. Também mostra como uma atitude ativa e consciente de busca por excelência é ingrediente essencial em nossas vidas.

1. O INÍCIO

Absolutamente nada, no início de minha vida, levaria a pensar que eu seguiria a carreira de advogado, em especial na área corporativa internacional.

Pelo contrário. Nasci em Salvador, em 1974, mas fui criado em Belo Horizonte. Minha família tinha uma condição estável, mas não era formada por profissionais da área jurídica. Meus pais – ele, engenheiro, e ela, professora, como era a regra para grande parte dos brasileiros da minha geração – tinham quase nenhum contato direto com a realidade dos negócios internacionais.

Entretanto, eram dotados de algumas qualidades fundamentais, que fizeram a diferença.

A primeira: foram capazes de compreender o valor de proporcionar aos filhos a melhor educação possível. A segunda: sempre ofereceram apoio e encorajamento a nossas iniciativas, estimulando nosso senso de independência e, ao mesmo tempo, responsabilidade. E, a terceira das qualidades: conseguiram transmitir aos filhos princípios sólidos sobre honestidade, dignidade e valor do trabalho. Em adição, e não menos coincidente com o tema desta obra, meus pais sempre reconheceram a necessidade de propiciar vivência e educação internacionais, apesar de eles próprios pouco conhecerem o mundo.

Ainda não havia Internet, e a quantidade de informações sobre o restante do mundo era muito mais escassa, de modo que as oportunidades para um garoto cuja energia era apenas superada por sua curiosidade eram muito diferentes.

Sempre mantive uma atitude positiva e, muitas vezes, até mesmo ousada, o que permitiu a superação de muitos dos obstáculos encontrados no decurso de meu desenvolvimento pessoal.

2. ALEXANDRIA, VA.

A minha formação teve a influência de dois pilares fundamentais: de um lado, a escola, e, do outro, o esporte – no meu caso, o ciclismo. Ambos me levaram a buscar experiências fora do Brasil.

Ainda adolescente, fui estudar na cidade de Alexandria, na Virgínia, que fica ao lado da capital americana. Fundada no século XVII, trata-se de uma cidade histórica que, como dizem seus habitantes, *it's minutes from Washington DC, yet a world away.*

De fato, com arquitetura europeia e calçadas de tijolo vermelho, Alexandria tem escala mais humana, o que a torna mais provinciana e intimista, especialmente na parte denominada Old Town, onde restaurantes, lojas e museus têm vista direta para o rio Potomac. Enfim, um bom lugar para um garoto brasileiro, com ansiedade, insegurança e vitalidade juvenis, começar a explorar o mundo.

Morei com uma família local, um casal formado por um publicitário e uma assistente de uma senadora, que viviam em uma casa típica dos subúrbios americanos, como as que vemos em filmes, separada das residências vizinhas por cercas vivas, com gramado verde na frente e um quintal atrás, ideal para churrascos com a família e os amigos.

Estudei em duas escolas em Alexandria. A primeira era localizada em um prédio histórico, na parte antiga da cidade, às margens do Potomac. Chamava-se Torpedo Factory (ou, em tradução literal, "fábrica de mísseis") por ter abrigado uma indústria bélica durante a Segunda Guerra Mundial.

Já a segunda escola em que estudei ficava na parte nobre da cidade, local de casas grandes, amplas e sem muros. Tal experiência me proporcionou viver a vida típica de um jovem estudante americano de classe média, que vai a pé ou de bicicleta para a escola quando perde o ônibus amarelo que passa pontualmente pela rua principal do bairro.

Claro que foi um choque cultural. O sistema educacional americano é bastante diferente do nosso, estimulando a competição entre os alunos em busca da excelência, uma abordagem que, ainda hoje, não é comum em nossas escolas. As pessoas são mais individualistas, independentes e têm uma atitude rara no Brasil, que é a de se responsabilizarem pela solução de seus próprios problemas, sem esperar auxílio do governo, da sociedade, ou de quem quer que seja.

Inserido neste contexto, evidentemente, fui forçado a me virar sozinho, sem a excessiva proteção familiar que normalmente temos por aqui. Aperfeiçoei meu inglês, perdendo quase totalmente o sotaque brasileiro, e aprendi a lidar com pessoas de culturas diferentes, interagindo com um mundo novo em inúmeros aspectos.

Também fui exposto aos traços básicos da cultura americana, fundada nas ideias do individualismo (às vezes excessivo), da ética do trabalho duro, do encorajamento em assumir riscos e da livre iniciativa econômica. Em suma: troquei a terra do jeitinho por uma que premia a ambição e o sucesso pessoal, o que marcou profundamente minha visão de mundo.

3. O ESPORTE

Considero que o esporte seja importante elemento na socialização e na formação das pessoas, uma vez que ensina lições essenciais, úteis em todas as fases da vida (inclusive no ambiente corporativo). Pelo esporte tive a medida exata de como o trabalho duro é fundamental para a obtenção de resultados e de como a competição saudável, o controle emocional e a capacidade de lidar com a pressão são desafios inerentes àqueles que buscam superar seus limites.

Sempre tive incentivo de meus pais a praticar esportes, tendo desde cedo na vida feito natação, judô, tênis e futebol, esportes pelos quais tinha muito amor, apesar do pouco talento, o que não me impediu de compor as equipes infantis e juvenis de meus clubes e colégios.

Foi no ciclismo, contudo, que me encontrei.

Esporte pouco popular no Brasil, o ciclismo de estrada é um dos esportes mais queridos da Europa, onde ocorrem as grandes provas mundiais – Tour de France, Giro d'Italia e Vuelta a España.

Minha herança genética, de perfil longilíneo, sistema cardiovascular potente e baixo percentual de gordura garantiam as características físicas adequadas. A disciplina para os treinos e a perseverança para mentalizar os desafios e superá-los terminava por compor os requisitos necessários para um atleta de alta performance.

Ganhei competições estaduais e nacionais, fui recordista de provas importantes e, finalmente, campeão brasileiro júnior da prova de estrada, a mais afamada modalidade, por ser a mais difícil. Fui convocado diversas vezes para compor a seleção brasileira de ciclismo, competi em três continentes e aprendi a notar as semelhanças entre as pessoas, a despeito da língua, da cultura, da origem ou da raça. Em verdade, foi o esporte que me levou, por motivos de treinamento, a locais tão distintos como Curicó, no Chile, Atenas, na Grécia, Cottbus, na Alemanha e Colorado Springs, nos Estados Unidos.

Por convite do meu técnico, Leszek Szmuchrowsky, aceitei a experiência de morar e treinar, por um ano, em Varsóvia, com apenas 18 anos, sem falar uma palavra de polonês, exatamente no período do colapso do bloco comunista.

Tive imensa sorte na Polônia. Venci várias provas, fiz amigos e fui convidado para treinar com a equipe olímpica do país no centro de treinamento de Spawla, localizado nos bosques eslavos onde arbustos de morango florescem às margens das estradas vicinais e que, outrora, foram palco de conflitos e massacres durante a Segunda Guerra Mundial.

Tinha tudo para vencer a prova de estrada do Campeonato Mundial de Ciclismo em Atenas, na Grécia. A preparação havia sido perfeita, meus equipamentos estavam em ordem, cheguei com antecedência. Apenas para "relaxar" o corpo e mentalizar algo diverso, competi a prova de perseguição individual no Campeonato Mundial no Velódromo e consegui o melhor tempo de minha carreira em modalidade na qual não era especialista: 3 minutos e 30 segundos para percorrer 3.000 metros.

Estava voando.

Infelizmente os deuses do esporte não estavam comigo no dia da corrida de estrada. Sentia-me bem, sereno, conhecia o percurso, mas algo banal ocorreu. Um atleta italiano cometeu um erro ao pegar sua garrafa de água para se refrescar e deixou-a cair no chão. Um russo que vinha colado atrás, aproveitando o vácuo, assustou-se com a garrafa e tocou sua roda da frente na lateral da roda do italiano, desequilibrou-se e caiu. Tombo no pelotão. Como pinos de boliche, eu e outros 73 atletas fomos caindo em sequência inevitável. Quebrei a roda dianteira e fiquei bastante machucado. Desvencilhei-me dos atletas caídos ao meu lado e desenganchei meu guidão que estava preso à bicicleta de um competidor norte-americano. Tentamos juntos voltar à corrida, sem sucesso. Fim de prova. Fim de um sonho.

Ironia do destino: a prova foi ganha justamente pelo italiano causador do tombo que, anos depois, ganhou também o Tour de France (mas sem o artifício da garrafa).

Segunda ironia do destino: recentemente, revisando as fotos do dia, reconheci o americano que tentou voltar comigo à prova. Era Lance Armstrong.

4. A POLÔNIA

Na Polônia, além de aprender polonês (o que, confesso, é bem mais fácil quando se tem 18 anos) e novamente ter me adaptado a uma sociedade muito diferente da nossa, passei por experiências interessantes, cuja relevância só mais tarde entenderia.

Naquele ano de 1989, a ordem mundial estabelecida desde a Segunda Guerra Mundial estava se alterando rapidamente. Com o colapso do bloco comunista, ninguém sabia exatamente o que iria acontecer, implicando riscos que eu, como adolescente, não tinha maturidade para avaliar.

Era plausível que a União Soviética tentasse invadir militarmente os países da Europa Oriental, como já havia feito anteriormente. Muitos antecipavam um massacre. Quando cheguei, praticamente a totalidade dos estrangeiros já havia deixado Varsóvia.

De fato, a situação era tão grave que, ao ligar para a embaixada do Brasil, foi o próprio cmbaixador quc atcndcu o telefone, tal qual um capitão que é o último a abandonar o navio. Ele me aconselhou a deixar a Polônia imediatamente, diante do enorme risco. Afirmou que eu era o único brasileiro, além dele, que restava no país.

Talvez por não entender exatamente os riscos, ou movido pelo otimismo e pelo senso de invencibilidade que se tem na juventude, resolvi ficar. Fui um dos poucos estrangeiros que testemunharam, do lado de lá da cortina de ferro, a queda do regime comunista naquela região.

Notava como as pessoas reparavam em meu tênis Nike Air (novidade na época), totalmente inacessível em Varsóvia, em meu jeans estilo americano ou nos óculos espelhados. Tudo era novo para eles. Vi a abertura do primeiro McDonald's na Polônia, em uma movimentada esquina em frente ao edifício mais alto e feio de Varsóvia, o Palácio da Cultura (o palácio havia sido um "presente" dos aliados russos ao povo polonês após a Segunda Guerra).

Felizmente nada mais grave aconteceu durante a transição para o capitalismo, mas descobri que o embaixador havia omitido uma importante informação: não éramos nós os únicos brasileiros em Varsóvia: havia também um sergipano alto e esguio que dava aulas de lambada.

Evidentemente que a comparação entre a vida nos Estados Unidos e na Polônia foi inevitável e, certamente, um dos motivos que me levaram a valorizar as instituições e tradições tão caras aos norte-americanos, como a democracia, a liberdade de imprensa e a livre iniciativa que, juntas, proporcionavam à população um nível de vida muito melhor.

Em minha vivência ainda jovem em sociedades tão díspares quanto às dos Estados Unidos e da Polônia, notei algo em comum em ambas que até hoje me choca: nos dois países, é normal que qualquer pessoa, independentemente de sua classe social, faça trabalhos braçais na juventude, seja, por exemplo, servindo mesas em restaurantes, trabalhando em postos de gasolina ou como jardineiro. É algo raramento visto na sociedade brasileira quando se trata de qualquer jovem moderadamente favorecido, e isso talvez justifique o desprestígio de tais funções por aqui.

5. A BUSCA PELAS MINHAS ASPIRAÇÕES PROFISSIONAIS

Quando retornei ao Brasil após estas experiências, cursei a Faculdade de Direito da PUC de Minas Gerais com os olhos já voltados para o exterior. Apesar de ainda não saber como, estava claro para mim desde então que meu futuro passava pela atuação internacional, pela comunicação entre diversas culturas, pelo contínuo aprendizado geopolítico.

Na época, minha intenção se delineava no sentido de trabalhar no campo das relações internacionais, talvez como diplomata, de preferência numa organização internacional relevante.

Assim, inspirado por minha experiência em Alexandria, nos Estados Unidos, e também pela inusitada passagem pela Polônia, fui parar na Universidade de Georgetown, em Washington, para a qual parti, em 1995, logo depois de obter a minha carteira da Ordem dos Advogados do Brasil (OAB).

Estava de novo nos Estados Unidos, mas, daquela vez, do outro lado do rio Potomac, em uma das cidades mais importantes e cosmopolitas do país. O efeito que Washington tem sobre as pessoas – e que nem sempre é percebido por aqueles que visitam a capital por apenas alguns dias – é, na falta de termo melhor, praticamente afrodisíaco, em virtude do infindável número de atrações e oportunidades que a cidade pode oferecer, além da consciência de que tantas coisas importantes estão ocorrendo justamente ali, à nossa volta.

À primeira vista, Washington não pode ser descrita com outro adjetivo que não "monumental". Desde sua fundação, foi planejada pelo urbanista Pierre Charles L'Enfant para ser a capital de um império. Os edifícios públicos e privados são magníficos, sejam eles ministérios, museus, embaixadas, hotéis ou sedes de *think tanks*. Eu ficava especialmente impressionado com Biblioteca do Congresso, reconhecida como um dos prédios mais bonitos do mundo, e com a suntuosa estação de trem Union Station, esculpida em mármore branco.

Por ser a capital do país mais poderoso do mundo, Washington é também o mais importante centro político do planeta. A vida da cidade organiza-se em torno do poder, ao contrário de Nova York, que é o centro financeiro dos Estados Unidos e, por isso mesmo, onde as relações são mais guiadas por interesses econômicos.

Assim, é muito comum, nas mais diversas situações cotidianas, seja em restaurantes ou em uma palestra, por exemplo, encontrarmos ministros, senadores, cientistas, embaixadores ou ex-chefes de Estado, em especial naquela época – era 2001, antes dos atentados de 11 de Setembro, e as questões de segurança não eram tão prementes.

Washington também me atraía por ser sede de importantes organizações internacionais, sobretudo o Banco Mundial e o Fundo Monetário Internacional, as duas principais instituições econômicas do mundo, formadas pelos tratados de Bretton Woods. Lá estão ainda as sedes da Organização dos Estados Americanos e do Banco Interamericano de Desenvolvimento.

A cidade abriga também a Universidade de Georgetown, a mais prestigiosa da capital, fundada por jesuítas em 1789 (ano de início da Revolução Francesa). Seu prédio mais emblemático é o Healy Hall, um imponente edifício de estilo gótico, que, diga-se, não soaria fora de contexto se inserido num episódio de Harry Potter. Dentre seus ex-alunos estão várias figuras célebres, como o ex-presidente Bill Clinton, o juiz da Suprema

Corte americana Antonin Scalia (falecido em 2016) ou ainda chefes de Estados de diversos países, tais quais os atuais reis da Espanha e da Jordânia.

A faculdade de Direito, ou Georgetown University Law Center, está localizada no bairro de Capitol Hill, próxima ao Congresso e à Suprema Corte. O edifício moderno, chamado McDonough Hall, tem salas de aula, bibliotecas, áreas de lazer e esportes, bem como dormitórios para os estudantes.

Foi em meio à vida em Washington que pude avançar para meu próximo passo: conseguir um emprego na Organização dos Estados Americanos. Constituída em 1948, a OEA é uma organização que congrega atualmente 35 países do continente americano. Sua função é auxiliar na solução de entraves políticos que afetam seus membros, por meio de solidariedade e cooperação, abrangendo assuntos tão diversos quanto a integração econômica, o terrorismo internacional, a proteção do meio-ambiente ou a erradicação da pobreza extrema.

A sede da OEA fica no Pan-American Building, um edifício suntuoso de arquitetura híbrida que congrega elementos de estilos português, espanhol, francês e de nações americanas, uma forma intencional de prestar homenagem aos países que fundaram a organização. Por sua beleza, o prédio é também uma grande atração turística de Washington.

Na inocência dos meus 22 anos de idade, eu estava exatamente onde queria: trabalhando no departamento jurídico de uma prestigiosa organização internacional, responsável por questões legais envolvendo as relações multilaterais, os tratados internacionais e a harmonização legal no âmbito do continente americano.

Era o ano de 1995, o tópico principal de discussão era a Área de Livre Comércio das Américas (Alca), e a OEA fora convocada para auxiliar na estruturação de tal tratado, que tinha a ambição de criar uma zona livre de comércio abrangendo todo o continente americano. A função do departamento jurídico (e, portanto, também a minha) era a de elaborar o capítulo relativo à solução de controvérsias entre os Estados signatários no âmbito da Alca.

Numa situação emergencial, em que precisei substituir meu chefe, tive a oportunidade de interagir com Hillary Clinton, que na época era primeira-dama dos Estados Unidos, embora já se comportasse, desde então, como presidente.

Hillary era uma advogada brilhante e com imensa vontade de contribuir com o processo de formulação do tratado, que a auxiliaria em seus já evidentes projetos políticos pessoais. Fez então um giro pela América Latina para promover o projeto e expôs os resultados em reuniões na OEA, com o time responsável pela redação conceitual da Alca.

Naquele contexto, eu estava em posição privilegiada por ser advogado e brasileiro – e o Brasil era justamente o maior oponente ao projeto geopolítico da Alca. Além disso, eu era o único membro de departamento jurídico que havia estudado a proposta de resolução de disputas e controvérsias.

Expus à primeira-dama e a seu time de diplomatas e assessores minha posição pessoal, fincada na perspectiva de que o sucesso da área de livre comércio dependeria do número de nações participantes. E, por sua vez, o projeto geopolítico da Alca somente atrairia vários países se os Estados Unidos convencessem a todos de que a entrada e a saída da aliança seriam livres, ou seja, que membros eventualmente descontentes poderiam se retirar do bloco econômico com facilidade. Tal fórmula simples de entrada e saída esgotaria um dos principais argumentos dos opositores do projeto.

No afã de convencer Hillary Clinton, tracei um paralelo entre a união comercial e um casamento civil, lembrando que as pessoas se casam porque se amam, ainda que cientes de que a possibilidade de divórcio existe – e que pode, sim, ser utilizada, caso necessário.

À minha explanação seguiu-se um silêncio constrangedor, que soava interminável e que pareceu deixar Hillary bastante desconfortável. Só então me dei conta da gafe que havia cometido, posto que a grande discussão política daquele momento era justamente o possível divórcio entre ela e Bill Clinton, em consequência do escândalo sexual envolvendo o presidente e a estagiária Monica Lewinsky.

Na ocasião, o chefe do departamento legal da OEA era o professor William Berenson, um dos maiores especialistas na tutela dos interesses coletivos em juízo (as *class action*s), tema muito desenvolvido no direito norte-americano, mas que ainda engatinhava no Brasil (e, por evidente, eu ainda não sabia que a leitura de suas obras, mais tarde, viria a ser de grande valia).

Muito embora o trabalho na OEA fosse estimulante e desafiador, em especial pelo altíssimo nível dos profissionais da instituição, comecei a ter dúvidas sobre minha intenção de seguir carreira em uma organização internacional. A razão: eu ficava constantemente frustrado com o fato de que as questões políticas inerentes a este tipo de organização acabavam interferindo no resultado final de nosso trabalho. Além disso, com o passar do tempo, passei a enfrentar alguns dos muitos problemas comuns no serviço público, tais como divisões em áreas de poder e influência desmedida de determinados países. As indicações nem sempre eram meritocráticas.

Aos poucos, tornou-se cada vez mais claro que me adaptaria com mais facilidade a uma carreira na iniciativa privada, com foco em direito internacional, em particular na área empresarial. Mas, como era ainda muito jovem, resolvi aproveitar ao máximo aquela oportunidade, sobretudo a chance de aprender com Louis G. Ferrand Jr., que era o então secretário-geral da Federação Interamericana de Advogados (FIA), e que, assim como o professor William Berenson, viria a ter uma influência fundamental em minha carreira.

6. A FEDERAÇÃO INTERAMERICANA DE ADVOGADOS (FIA)

Embora já conhecesse a instituição, foi Louis G. Ferrand Jr., meu chefe na OEA, quem me convidou para assistir a uma palestra numa de suas reuniões semanais. Fiquei imediatamente encantado com as atividades da Federação Interamericana de Advogados, me voluntariando para auxiliá-la naquilo que pudesse. Tornei-me então membro da FIA e, progressivamente, ampliei meu envolvimento nas atividades do grupo, inicialmente assumindo os trabalhos e projetos da Young Laywers Section.

Embora não seja muito conhecida pelos brasileiros, a FIA é a principal organização de advogados do continente americano.

A exemplo da Ordem dos Advogados do Brasil, tem grande responsabilidade na proteção do Estado Democrático de Direito. Sediada em Washington desde sua fundação, há mais de 70 anos, teve importante participação em muitas das questões que afetaram o continente, extrapolando em muito a defesa dos simples interesses da classe profissional que representa.

Por meio de uma participação ativa, fui subindo na hierarquia da instituição e assumindo cada vez mais responsabilidades, até ser nomeado para o comitê executivo em 2008. Um ano depois, em um congresso da FIA em Nassau, nas Bahamas, comuniquei a intenção de me candidatar à presidência da instituição – ato ousado que encontrou vasta resistência, já que diversos candidatos de idade mais avançada e com mais tempo de atuação na FIA esperavam sua vez.

O processo de eleição da Federação Interamericana de Advogados é complexo. Os candidatos devem ser votados pelos membros do conselho, bem como pelos representantes das mais de 70 associações nacionais representativas dos advogados das Américas (dentre elas, por exemplo, a Ordem dos Advogados do Brasil e a *American Bar Association*). Eleito, o vencedor cumpre um mandato trienal dividido da seguinte forma: por um ano, permanece como vice-presidente e, então, no segundo ano, torna-se presidente. Por fim, no último ano, passa a ser conselheiro da gestão seguinte.

Fui eleito em congresso realizado no Rio de Janeiro em 2010. Assumi a presidência em 2011, aos 37 anos – o mais jovem presidente da história da FIA.

O processo não foi fácil, diante da complexidade das forças que influenciam o resultado das eleições de uma instituição com uma base territorial tão grande e diversa. Entretanto, apesar da pouca idade para o cargo, eu contava com algumas vantagens, como ser fluente nos três principais idiomas do continente (inglês, espanhol e português), conhecer muito bem os mecanismos internos da entidade e, também, ter feito bons contatos na sede da instituição no período em que vivi em Washington. Contei ainda com o apoio incondicional e incansável de Ophir Cavalcante, então presidente da OAB, que veio a se tornar um grande amigo.

Com o imenso e irrestrito apoio de minha esposa, Ivy Trujillo de Almeida, fui eleito com 68 votos contra 39 de meu então concorrente, o venezuelano Rafael Veloz (que, posteriormente, também viria a ser eleito presidente da FIA). A eleição atípica foi polarizada por uma divisão mais econômica do que política dos países envolvidos. Eu recebi o voto dos países economicamente mais desenvolvidos, como Estados Unidos, Canadá e Brasil. Muitos países dominados pela ideologia bolivariana, então em seu auge, entendiam, a meu ver equivocadamente, que eu tinha perfil muito capitalista, por ser advogado na área empresarial, o que não consideravam o melhor para a entidade.

Ser presidente de uma organização como a FIA é um desafio que tem seu lado positivo: a presidência é como uma carta de apresentação que abre as portas de praticamente todas as instituições, inclusive das cortes supremas de todos os países do continente americano. A entidade tem relevante papel como observadora das eleições, além de ser cobrada a posicionar-se, politicamente, a respeito de inúmeras questões, o que implica contato direto não apenas com a imprensa, mas também com organizações internacionais, como a ONU e a OEA, e nacionais, no plano interno dos países membros.

Assumi a presidência no congresso ocorrido na cidade portuária de Vera Cruz, no México, organizado com apoio da Barra Mexicana de Abogados, com a presença dos presidentes de quase todas as entidades representativas dos advogados do continente. Reproduzo aqui parte do meu discurso de posse, em que louvei as conquistas históricas da instituição:

> "É fascinante poder participar de uma entidade tão múltipla, com tantos objetivos e, ao mesmo tempo, com propostas tão amplas. São raras as organizações internacionais de advogados que têm uma presença tão importante, tão vibrante e tão intensa na vida jurídica de tantos países.
>
> Fundada em 1940, a FIA se fez presente em várias questões legais dos países americanos, seja defendendo o Estado Democrático de Direito, o rule of law, seja permitindo o contínuo aperfeiçoamento e a atualização técnica do advogado, seja propiciando momentos para cultivar fraternas relações interpessoais. Esta entidade de 71 anos de vida transborda jovialidade.
>
> Na história da FIA, que acompanho por 20 de seus 71 anos, temos diversos exemplos da grandeza de suas iniciativas.
>
> Nos anos 40, durante os árduos tempos da Segunda Guerra Mundial, a FIA defendeu o Estado Democrático de Direito, lutou pela justiça e contra as práticas e os discursos nazistas nos países latino-americanos. Como bem sabemos, pela análise histórica, várias nações naquela época se identificavam com o fascismo e com tudo o que ele representava de contrário às regras do Direito e da Justiça. Mas havia então uma voz para os advogados das Américas que se opunham a tais ideais. (..)
>
> Nos anos 60 e 70 tivemos a FIA presente na discussão acerca da luta de classes, do ideário socialista e das ditaduras militares

> que assombraram a região. Anos tumultuosos. De um lado, tínhamos a ameaça comunista, que ignorava as regras jurídicas que protegiam os bens resguardados pelo direito, como a propriedade privada. Do outro, tínhamos um estado ditatorial que desrespeitava uma série de outros direitos caros à sociedade, como os direitos humanos. (...) Em perspectiva histórica, não podemos deixar de nos sensibilizar com o fato de que este radicalismo não deixava muito espaço para escolha àqueles menos letrados.
>
> Ocorre que havia espaço, como há e sempre haverá, para a construção de um Estado que respeite os direitos relativos à propriedade privada e, ao mesmo tempo, garanta o acesso de todos aos bens materiais e sociais em sociedades justas. (...)
>
> Nos anos 80 e 90, vimos a presença da FIA nos sérios debates sobre a dependência econômica de diversos países americanos ao capital internacional e a fragilidade jurídica que muitas vezes os afetam. Anos de privatização, de alterações na relação entre o capital e o poder. Também foram os primeiros anos em que se discutiu na FIA questões de direito ambiental, direito da tecnologia e tantas outras novidades no mundo jurídico (...)
>
> Neste começo do novo milênio, presenciamos a FIA participar ativamente das diversas questões que ameaçam o Estado de Direito na região, por meio de rápidas respostas a solicitações feitas por organizações internacionais, entidades de classe representando os advogados. (...)"

Uma vez empossado, deleguei a maior parte das questões burocráticas ao comitê executivo da entidade e dediquei meu tempo a apoiar as diversas demandas jurídicas referentes à proteção do Estado Democrático de Direito e à autodeterminação dos povos.

O volume de trabalho era brutal e o contexto muito delicado, em especial pela situação econômica (o mundo ainda estava fragilizado, em processo de recuperação da crise de 2008). O custo familiar também foi alto, pois as ausências em casa eram constantes, mas mesmo com duas filhas pequenas, minha esposa foi compreensiva e apoiou-me integralmente.

Para se ter uma ideia, no período de um ano, fiz 72 viagens ao exterior, para lugares tão diversos como Amsterdam, Halifax, Caracas, Paris, Montevidéu, Dublin, Buenos Aires, Nova York e Madri. Conheci autoridades e profissionais da área jurídica, construindo uma rede de contatos profissional que acabaria sendo fundamental, anos mais tarde, para a concretização da *Class Action*.

Dessa época trago muitas lembranças interessantes como, por exemplo, a de uma cerimônia organizada pelo Barreau de Paris para a abertura do ano judiciário, com direito a uma apresentação de gala na Ópera Garnier, um seminário de altíssimo nível sobre Direito Constitucional e, cereja do bolo, uma recepção pelo presidente francês Nicolas Sarkozy, no Palácio do Eliseu. Na ocasião, intrigado por meu breve discurso, no qual afirmei que não era "ninguém" ante a importância dos demais participantes, Sarkozy chamou-me para tomar um uísque em uma sala anexa ao evento, ao lado da belíssima primeira-dama Carla Bruni. Então começou a falar sobre futebol e o Brasil, dizendo-se apaixonado por Trancoso, na Bahia, onde planejava passar aquele Ano Novo.

Mas nem tudo eram flores no ofício da presidência.

Uma de minhas principais preocupações na época (e um dos feitos de minha gestão do qual mais me orgulho) era resolver a questão da representação da classe dos advogados perante a OEA. Muitas das principais organizações internacionais dão direito de assento e voz à classe dos advogados em suas assembleias. Na ONU, por exemplo, existe um grupo chamado UIA (União Internacional de Advogados) que, apesar de não ter direito a voto, tem status consultivo e poder de se manifestar sobre assuntos de seu interesse.

Um sistema de representação similar precisava ser instituído na OEA. Após meses de esforço e de um intenso trabalho de convencimento, que teve o apoio fundamental de José Miguel Insulza, diplomata chileno então Secretário-Geral da OEA, a demanda, enfim, foi atendida.

Obtido o direito de representação da classe dos advogados na entidade, por força de uma normatização interna da FIA, ficou acertado que seu representante será, ao menos até que se altere tal disposição, um advogado brasileiro indicado pela OAB.

A participação da classe dos advogados, ao contrário do que podem pensar os mais céticos, não é, em absoluto, uma questão de cunho apenas formal.

É, para mim, motivo de grande orgulho que esta conquista tenha sido fundamental, por exemplo, para a regularização documental dos refugiados haitianos, deslocados de sua terra de origem em consequência do grave terremoto que assolou o país em 2010. A OEA então pôde emitir passaportes especiais, auxiliando, naquele momento extremo, milhares de pessoas em situação dramática e sem documentação para buscar refúgio em outros países. Solução similar, a propósito, tem sido adotada, mais recentemente, para amparar refugiados venezuelanos.

Outra questão premente dizia respeito ao início da derrocada da democracia venezuelana, provocada pelo insensato governo de Hugo Chávez, que nos obrigou a correr riscos em quatro viagens à Venezuela, onde fomos até mesmo ameaçados de prisão por parte dos apoiadores do regime. Já era chocante, na época, observar a decadência das instituições venezuelanas, que se degradavam em ritmo acelerado.

À frente da FIA, enfim, tive de lidar com desafios de extrema complexidade, que ajudaram a forjar meu amadurecimento profissional, motivo pelo qual, reitero, este período foi de enorme importância pessoal e profissional.

Ao encerrar a gestão com um balanço de nossas atividades, por meio de um emotivo discurso na convenção ocorrida em Isla Margarita, estava compreensivelmente exausto, mas satisfeito com os resultados dos trabalhos realizados no comando da FIA. Como afirmei no discurso de despedida:

> "Olhando em perspectiva, mesmo considerando nossos excelentes resultados, tenho a sensação de que ainda há muito a ser feito. A FIA necessita de uma continuidade e, olhando para frente, estou seguro de que estamos no caminho certo.
>
> Temos uma instituição economicamente saudável, culturalmente rica e com membros cheios de energia, apesar de seus mais de 70 anos de vida.
>
> O futuro será ainda mais brilhante que o passado e espero continuar com vocês por muitos anos, sempre à disposição para ajudar meu sucessor e a entidade em tudo o que me for possível."

7. A EXPERIÊNCIA NA ADVOCACIA E A CRIAÇÃO DO ALMEIDA ADVOGADOS

Voltando um pouco mais no tempo, assim que decidi me afastar das atividades da OEA, voltei para o Brasil para praticar a advocacia na área corporativa, de preferência com clientes internacionais, de forma a aproveitar os conhecimentos que tinha adquirido até então.

Nesse período fui contratado por uma tradicional banca brasileira, que me possibilitou rápido desenvolvimento profissional e grande exposição ao mundo dos negócios internacionais e seus aspectos legais. Era o início da década de 1990, e o fato de ser um advogado fluente em inglês e, mais, com conhecimento do sistema jurídico norte-americano representava ainda um diferencial na profissão.

É certo que algumas questões estruturais também ajudaram. Coincidentemente, naquela época, o governo brasileiro iniciou o Plano Nacional de Desestatização, implementando um amplo programa de privatização que envolveu companhias de grande porte, como a Vale do Rio Doce, a Companhia Siderúrgica Nacional, a Eletropaulo e a Telebras (alterando, neste último caso, inclusive a situação de monopólio então existente nas telecomunicações).

Os ventos, portanto, eram favoráveis aos escritórios de advocacia, que cresceram muito naquele período – em especial aqueles que tinham a capacidade de prestar um serviço jurídico um pouco mais sofisticado, com viés internacional.

Estava, pois, no lugar certo e na hora certa. De modo que minha ascensão profissional no escritório em que trabalhava foi rápida: em poucos anos, tornei-me sócio da empresa.

Entretanto, em virtude de minha personalidade independente, concluí que meus objetivos seriam melhor atendidos se pudesse montar meu próprio escritório. O desejo se concretizou, por fim, em 2001, com a fundação do Almeida Advogados.

A decisão não foi tomada às pressas. Adiantando um pouco a moda atual do *coaching*, solicitei orientação a alguns amigos, em especial a Marco Túlio Loures e a José Quiroga, que me aconselharam naquela importante virada.

Marco Túlio é um amigo de toda a vida. Depois dos estudos em Engenharia Elétrica no Brasil, fez MBA nos Estados Unidos e de lá nunca regressou. É hoje vice-presidente de uma das maiores empresas de tecnologia do mundo. Já Jose Quiroga é um americano filho de cubanos. Formado em Administração de Empresas e em Direito, tem perfil corporativo ideal para grandes negócios. É simpático, trilíngue, culto e cartesiano, características raras no meio. A ambos expus meu projeto de vida, as dúvidas quanto à carreira, a vontade de montar meu próprio negócio. De ambos recebi incentivo para ir adiante.

Sentia, à época, que ainda não fazia uso de todo meu potencial. Existiam, a meu ver, duas possibilidades distintas para meu futuro: a primeira era abrir meu próprio escritório no Brasil; a segunda, voltar para os Estados Unidos e iniciar carreira num escritório americano.

A primeira opção pareceu-me a mais divertida e desafiadora. Tomada a decisão, desliguei-me do escritório para o qual trabalhava, sem levar comigo clientes ou membros da equipe. Iniciei então as atividades de meu próprio escritório.

Finalmente, eu estava *running my own show*.

O Almeida Advogados iniciou suas atividades em junho de 2011. Sua primeira sede (provisória) foi um espaço dentro do escritório de minha esposa, na Vila Olímpia, em São Paulo, sem qualquer estrutura previamente preparada. Tive de construir tudo praticamente do zero, e evidentemente as coisas não foram tão fáceis, nem aconteceram no ritmo esperado.

Contudo, como consequência de muita seriedade, esforço e trabalho, cada vez mais clientes passaram a procurar por nossos serviços e, alguns meses mais tarde, o escritório mudou-se para outro bairro, o Itaim Bibi, ocupando espaço já um pouco maior que o anterior.

Conforme o escritório crescia, eu cuidadosamente iniciava a montagem de uma equipe, dado que seria impossível cuidar, sozinho, de todas as áreas. Conheci muitas pessoas excelentes, tive algumas decepções e cometi alguns erros de julgamento, mas o número de experiências positivas, por sorte, sempre foi superior. Atualmente, o Almeida Advogados conta com uma equipe consolidada de mais de 200 profissionais atuando diretamente na área jurídica, entre sócios e advogados.

Aristóteles afirmava que a coragem é a mais importante qualidade humana, exatamente porque garante a existência de todas as demais. A criação de um escritório exige coragem e algo mais: trabalho, trabalho e mais trabalho.

Uma vez que se assume a responsabilidade de gerir uma estrutura em desenvolvimento, que precisa se atualizar e aperfeiçoar continuamente, somos obrigados a enfrentar uma gama de tarefas complexas que extrapola, em muito, as questões jurídicas.

Enquanto o advogado é um técnico especialista em uma área do Direito, o sócio de uma grande banca deve dominar uma ou algumas áreas; ele necessita de visão jurídica generalista para compreender as questões dos clientes e formular as estratégias necessárias.

Atuando a todo momento com base nos valores éticos aprendidos ao longo de minha vida profissional, valores estes que são partilhados por meus sócios, conseguimos, em conjunto, ampliar o escritório. Atualmente estamos estabelecidos em São Paulo, Rio de Janeiro, Brasília e Belo Horizonte, sempre com foco nas áreas empresarial e corporativa, atendendo a clientes brasileiros e estrangeiros que nos procuram, vindos de todas as partes do mundo.

Hoje tenho certeza de que um dos diferenciais do escritório foi, desde o princípio, minha facilidade em compreender os clientes estrangeiros – algo que tento transmitir para minha equipe. Na verdade, o bom relacionamento entre o advogado e o cliente não decorre apenas do fato de se falar inglês (ou qualquer outro idioma). Decorre, no fundo, da capacidade que o advogado tem de compreender a mentalidade do cliente, da habilidade de saber "ler" sua cultura para entender as razões que o levam a fazer determinada consulta. Assim o advogado pode responder de um modo que compreenda a realidade do cliente, mas que também reflita a realidade que ele encontra no Brasil.

É uma arte sutil, mas essencial, que envolve algo de psicologia, conhecimento sobre a natureza humana e cultura geral. O cliente de Nova York não é o mesmo do Arkansas, de Roma ou de Buenos Aires, e a troca de informações com cada um deles passa pela capacidade de fazer uma espécie de "tradução" cultural.

Apesar de continuar crescendo, o escritório enfrentou um desafio no final da década de 2000, época em que todas as bancas de advocacia começaram a lidar com a realidade até então inédita de atuar num mundo globalizado. Havia então uma tendência (para não dizer uma obrigação) na maior parte dos escritórios com viés internacional de criar vínculos ou sociedades com escritórios globais.

Desde o início, qualquer vínculo com um escritório global pareceu ser, para mim, pouco interessante. Em primeiro lugar, porque limitaria o número de potenciais clientes (devido a conflitos de interesse); em segundo, porque nos colocaria em papel de coadjuvantes.

A solução para tal dilema surgiu por meio de um convite, em 2008, para nos associarmos à rede Globalaw, que reúne diversos escritórios de advocacia independentes em mais de 80 países. Somos, até hoje, os únicos representantes do Brasil no grupo. E isto permitiu que nos enquadrássemos, de maneira satisfatória, no contexto da globalização, ampliando as oportunidades de intercâmbio de informações, ideias e projetos, trocas atualmente essenciais para atender às demandas cada vez mais complexas dos clientes.

Por fim, cabe falar dos casos, interessantíssimos, nos quais nos envolvemos ao longo de todos estes anos. Trabalhamos com *joint ventures*, participamos de arbitragens (inclusive na

Câmara Internacional de Arbitragem, em Paris), organizamos operações de compra e venda de inúmeras empresas, abarcando todo espectro do direito corporativo e empresarial, em particular as áreas ligadas à tecnologia e à energia renovável. O Almeida Advogados também conseguiu se consolidar no campo do contencioso estratégico, em especial nas áreas cível e trabalhista, aumentando a gama de serviços oferecidos.

O curioso, entretanto, é que quando recordo minhas experiências profissionais, o que vem à memória, de imediato, não são necessariamente os casos de maior relevância econômica, mas sim aqueles inusitados, que ressaltam certas diferenças culturais e apresentam desafios não só para os advogados, mas também para os investidores que se aventuram globalmente.

Aprendi que a natureza humana, com seus defeitos e qualidades, limitações e idiossincrasias, sempre está por trás das grandes decisões também no mundo dos negócios – que, acreditem, nem sempre funciona com a lógica racional que poderíamos esperar.

Um exemplo: testemunhei o caso de clientes que tentaram adquirir uma empresa brasileira e instalar uma administração formada somente por americanos, em uma equivocada tentativa de ignorar o contexto cultural. Testemunhei também o caso de um brasileiro que vendeu uma empresa por um valor extraordinário para investidores estrangeiros e que, em poucos anos, gastou todo o valor recebido em todo tipo de luxo e excesso (hoje, acreditem, ele mora de aluguel).

Um caso que demonstra particularmente essa realidade foi o de um grande grupo do setor industrial norte-americano que começou as tratativas para adquirir uma empresa em outro país, objetivando aumentar sua atuação internacional. Um de seus principais executivos ficou encarregado de tomar a decisão entre três opções: Brasil, Índia e Austrália. Decidiu, por fim, que o investimento seria feito aqui. O Almeida Advogados auxiliou, do ponto de vista legal, na transação.

Uma vez que o executivo responsável pela compra foi também designado para liderar o empreendimento, tive oportunidade de encontrá-lo, por diversas vezes, nos anos subsequentes. Um dia, por curiosidade, perguntei-lhe por que havia optado pelo investimento no Brasil. A resposta foi inusitada: "Minha esposa tinha mais vontade de morar no Brasil!".

De fato, embora tantos estrangeiros se apaixonem por nosso país e seu estilo de vida, muito do que acontece aqui é de difícil compreensão. Não é simples explicar-lhes como uma pequena empresa em funcionamento pode ter débitos fiscais que em muito superam seu faturamento, ou por que se aceita como "normal" que os empregados ingressem rotineiramente com ações trabalhistas contra os patrões, pedindo valores milionários (que raramente se confirmam). Um cliente do setor financeiro chegou a afirmar que processar o patrão, e não o futebol, é o verdadeiro esporte nacional.

Um outro caso interessante, ocorrido há muitos anos, envolveu a busca e a apreensão de um software, que vinha sendo utilizado irregularmente, sem o pagamento dos respectivos direitos autorais. Na época, eu representava a Microsoft. Ajuizei uma ação em Vitória, capital do Espírito Santo, no ano 2000, quando o entendimento do conceito de software ainda não era tão claro, de maneira que o juiz teve alguma dificuldade em entender a diferença entre software e hardware.

Ao despachar, o juiz de direito reclamou da aparente confusão entre ambos, afirmando que não estava convencido de que o software gerava um direito autoral, independentemente do hardware. Após muito pensar, ele se virou para mim e disse: "Rapaz, não dá para deferir isso aqui, não. Imagine que o hardware seja um carro, o software seria como a gasolina que o faria funcionar. Ou, por exemplo, se o hardware fosse a minha ereção, claro que o software seria a ejaculação, e, eu evidentemente não poderia separar as duas coisas." Com este exemplo inusitado, ele negou o pedido liminar. Imaginem a dificuldade de explicar a um cliente estrangeiro tais "fundamentos jurídicos"...

De fato, o combate à pirataria sempre foi algo que preocupou muito os clientes que investem no Brasil. Por consequência, a atuação nesta área sempre foi essencial ao escritório, razão pela qual acabei integrando o Conselho Nacional de Combate à Pirataria durante o primeiro mandato do ex-presidente Lula.

Na ocasião de um evento sobre direitos autorais, no Palácio do Planalto, fiz um breve discurso no qual tentei transmitir aos presentes que sua proteção era questão que envolvia interesses de todos os países, inclusive o nosso. Ou seja, defender os direitos autorais não era um ato servil ao capital internacional, mas interessava muito ao Brasil em virtude de nosso potencial criativo e biológico.

O Brasil, argumentei, tem um potencial enorme com os recursos naturais existentes na Amazônia, que poderá vir a ser, cada vez mais, fonte de inúmeras patentes de medicamentos, por exemplo. Sugeri que, quem sabe um dia, Xapuri, no Acre, a cidade de Chico Mendes, poderia ser um grande centro de inovação e descobertas naquele setor, de forma que nosso país também teria (e tem) razões para lutar pela proteção internacional de tais direitos.

Na hora dos cumprimentos, soube que meu discurso tinha chamado a atenção do então presidente Lula, que me recebeu com um abraço efusivo, afirmando que nunca imaginou que direitos autorais pudessem ter alguma ligação com Xapuri. Se esse era o caso, prosseguiu, que eu contasse com o apoio dele.

Lembro de um detalhe a mais do encontro. Lula vestia um terno cinza, bem cortado, camisa branca e gravata listrada de fundo azul. Barba e cabelos aparados, o presidente era o "Lulinha paz e amor", qual o apelido (e o estilo) que adotou na campanha de 2002 para soar conciliador, desfazendo a velha imagem de político radical. De perto, porém, notava-se algo grave para um encontro que ocorria algumas horas antes do meio-dia: o indisfarçável odor alcoólico.

Como é sabido por todos, as coisas não caminharam exatamente como se esperava, seja para o ex-presidente Lula, seja para sua sucessora, ou mesmo para o país. Em 2014, começou a ser desvelada pela Operação Lava Jato a existência de um esquema de corrupção sem precedentes, que envolvia estatais da importância da Petrobras.

A partir de então comecei a idealizar a *Class Action*.

Capítulo V

Uma conquista e muitos desafios

1. A CONQUISTA

Em 4 de janeiro de 2017, foi anunciado o acordo entre as partes, no âmbito da *Class Action*, pelo qual a Petrobras se comprometeu a indenizar os investidores em US$ 2,95 bilhões. Embora eu soubesse do acordo alguns dias antes do anúncio, tive de manter sigilo até a divulgação oficial.

Para mim, aquela era uma significativa vitória, profissional e pessoal, consequência de muitos anos de trabalho árduo, como descrevi nos capítulos anteriores deste livro. Era evidente, pois, que eu estava muito satisfeito.

O interesse da imprensa foi imediato e tão intenso, que nem tivemos tempo para comemorar.

Muitos dos beneficiados no exterior eram investidores institucionais, como fundos de pensão, representando indiretamente milhares de pessoas. Na impossibilidade de falar com elas, muitos veículos de comunicação nos procuraram. Conversamos com jornalistas dos mais diversos países.

Recordo-me que praticamente engoli meu almoço enquanto atendia a um repórter de Oslo, capital da Noruega, que insistia em falar comigo imediatamente, devido à diferença de fuso horário (lá, já estava anoitecendo). No final do dia, eu e minha equipe, todos exaustos, nem mesmo nos lembramos de abrir a garrafa de champanhe que tinha reservado para aquela ocasião.

Para informar a nossos clientes e aos demais interessados sobre o fato, ainda pela manhã, havíamos publicado no site do escritório o seguinte comunicado:

> **"Acordo bilionário encerra Class Action face à Petrobras**
>
> A imprensa noticiou o anúncio de hoje, feito pela Petrobras, de um acordo de aproximadamente US$ 3 bilhões, para encerrar a ação coletiva ajuizada pelos investidores que adquiriram ações da Petrobras negociadas na Bolsa de Nova York, em decorrência da abrupta perda no valor dos investimentos por conta do escândalo de corrupção sistêmica revelado no âmbito da Operação Lava Jato (In Re: Petrobras Security Litigation, a "*Class Action*"). Nunca uma empresa brasileira celebrou um acordo judicial desta magnitude.
>
> Trata-se do desfecho de uma longa jornada, na qual nossa equipe, com coragem e determinação, enfrentou todos os tipos de desafios e que merece breve reflexão.
>
> **A Class Action**
>
> A *Class Action* foi estrategicamente concebida e teve sua concretização liderada por nosso CEO André de Almeida, em parceria com o escritório americano Wolf Popper LLP.
>
> Vale lembrar que no segundo semestre de 2014, quando da idealização da *Class Action*, nenhum grande empresário ou

político envolvido no esquema de corrupção da Petrobras havia sido preso ou punido no âmbito da Operação Lava Jato. Ao contrário, existia uma sensação de desalento geral, dado que a impunidade parecia se anunciar, como resultado inexorável neste caso.

A *Class Action* era de fato uma ideia tão revolucionária e ousada que, quando ajuizada, em 5 de dezembro de 2014, foi recebida com ceticismo e críticas no sentido de que seria deletéria aos interesses nacionais.

Sabíamos que o sistema legal norte-americano estava preparado para o julgamento de uma causa desta complexidade, tanto pela existência do instituto da *class action* – espécie de ação coletiva que permite que uma classe composta por pessoas pleiteie, em conjunto, indenização pelos prejuízos sofridos –, bem como pela existência de uma legislação mais sofisticada no tocante ao mercado de valores mobiliários (Securities Exchange Act of 1934).

Nesse sentido, o ajuizamento da *Class Action* foi um ato de coragem, do qual nos orgulhamos institucionalmente de participar, talvez inspirado pela ação de tantos outros que, no decurso da Operação Lava Jato, enfrentaram riscos ainda maiores.

Impacto da Operação Lava Jato

Os céticos à *Class Action* contra a Petrobras se calaram no momento em que as confissões ocorridas no âmbito da Operação Lava Jato evidenciaram que os danos haviam sido causados por má gestão, eivada de dolo, uma vez que a companhia comercializou seus papéis (tanto no Brasil quanto no exterior) com base em informações que sabia serem falsas, já que representavam incorretamente os fatos e refletiam uma cultura de corrupção institucional que resultou no desvio de dinheiro na magnitude de vários bilhões de dólares.

Por meio de tais informações falsas e enganosas, os investidores foram induzidos a erro, e o anunciado acordo veio a remediar esta situação. A Operação Lava Jato revelou todos os fatos e motivos que levaram os investidores da Petrobras a acreditar, erroneamente, que o valor real da companhia era aquele declarado em suas demonstrações financeiras.

(...)

Por fim, comemoramos e dividimos esta vitória com todos aqueles que colaboraram nesta inédita e significativa empreitada que certamente representa um divisor de águas na proteção da ética empresarial brasileira."

Contudo, novamente, algumas pessoas com objetivos pouco transparentes, para se dizer o mínimo, questionaram a conveniência do acordo.

Era importante, naquele momento, de forma a evitar falsas polêmicas que se iniciavam nas redes sociais, que o Almeida Advogados esclarecesse a importância do caso no tocante às consequências para a promoção da ética e da boa governança corporativa.

Para tal fim, o escritório divulgou novo comunicado, em que esclarecíamos o impacto positivo que o acordo teria para a Petrobras:

"O acordo que salvou a Petrobras

Frente à importância do tema e para registrar a verdade dos fatos, evitando que seja distorcida por aqueles com interesses questionáveis, é importante esclarecer as razões pelas quais tal ação (a *Class Action*), **representou um divisor de águas na proteção da ética empresarial brasileira e, efetivamente, ajudou a salvar a Petrobras.**

A Petrobras sempre foi motivo de orgulho para o povo brasileiro, desde sua criação, em 1953, por Getúlio Vargas, devido ao sucesso da campanha em defesa do monopólio estatal, capitaneado pelo lema "O petróleo é nosso".

(...)

Contudo, nem esta bela trajetória de sucesso ficou imune a alguns dos piores desarranjos trazidos pela implementação de um sistema promíscuo de corrupção sistêmica.

O povo de todo um país – que pouco tempo depois iria maciçamente às ruas para protestar contra a corrupção –, bem como os investidores nacionais e estrangeiros testemunharam, estarrecidos, às confissões ocorridas no âmbito da Operação Lava Jato.

Ficou evidente que os danos haviam sido causados por má gestão, eivada de dolo, uma vez que a companhia comercializou seus papéis com base em informações que sabia serem falsas.

A confiança institucional depositada na Petrobras, fruto de décadas de esforços de todos os seus empregados, colaboradores e investidores, viu-se subitamente abalada no mercado financeiro global.

A consequência, claro, foi um grave dano à sua imagem institucional, tendo perdido, em 2014, 43,6% de seu valor de mercado – valor este que crescia desde 2009.

Uma correção de rumos se fazia imperiosa e, nesse sentido, a *Class Action* é uma metáfora perfeitamente acabada de como atualmente o Direito responde às exigências da globalização econômica.

Cada vez menos será possível evitar a responsabilização (não apenas criminal, mas também cível) decorrente do cenário

> de corrupção endêmica que, lamentavelmente, foi até muito pouco tempo tolerado por grande parte de nossa sociedade.
>
> (...)
>
> Somente com a indenização dos investidores que foram lesados por tais atos de improbidade, poderá a Petrobras, reconhecendo sua responsabilidade, retomar seu passado de sucesso.
>
> A *Class Action* é, efetivamente, um dos instrumentos pelos quais a Petrobras, corrigindo seus erros e otimizando suas práticas de boa gestão corporativa, poderá conseguir fazer com que o mercado volte a aceitar, sem desconfiança, a negociação de suas ações.
>
> Tal fato irá gerar, igualmente, saudável impacto positivo no destino de todo mercado brasileiro no exterior.
>
> Como se sabe, a confiabilidade é a base de todo sistema financeiro em qualquer lugar do mundo, além de ser essencial para a continuidade dos negócios de qualquer empresa.
>
> Por tal razão, o acordo na *Class Action* encerra uma fase, permitindo à Petrobras, a partir de agora, retomar seu crescimento, dentro de um quadro de regularidade institucional e respeito aos padrões mais elevados de ética econômica.
>
> Temos confiança de que, com esta correção de rumo adotada pela companhia, indispensável, poderemos testemunhar um novo ciclo virtuoso de sucesso, no qual a Petrobras, como desejava Getúlio Vargas quando de sua criação, voltará a ser motivo de orgulho para todos os brasileiros.

Em um mundo repleto de *fake news*, em que as falsas informações podem distorcer a percepção da realidade, era necessário esclarecer exatamente o que significava aquele acordo.

A importância dele e seus benefícios para a companhia não passou despercebida pela imprensa especializada, em especial para aqueles conhecedores da realidade do mercado internacional.

Nesse sentido, Merval Pereira foi direto ao ponto ao afirmar que aqueles que assim agiam estavam aplicando "a tática vulgar de o ladrão sair correndo a gritar 'pega ladrão', a prática perversa de transformar a vítima em culpada. O crime de lesa-pátria foi o esquema oficial de corrupção na Petrobras para financiar o PT e partidos políticos de sua base". Merval ressaltava a importância do desfecho, uma vez que, "ao aceitar fazer o acordo, a Petrobras continua fazendo uma limpeza em seus números, reorganizando-se depois da calamidade que viveu nos anos Lula e Dilma".[45]

Em face da grande repercussão na mídia, imediatamente iniciaram-se os questionamentos sobre as consequências do acordo para os investidores no Brasil. O interesse era tanto que, no mesmo dia, fui convidado por um jornalista de renome a dar uma entrevista de dez minutos, na TV aberta, em rede nacional, explicando a situação.

Em tal oportunidade expliquei que, além de um importante evento para a promoção da transparência e das melhores práticas de gestão corporativa em nosso país, o acordo abria uma janela de oportunidade para os investidores nacionais. Assim, instamos todos os que se encontravam na mesma situação a

---

[45] Merval Pereira. *A verdade Distorcida*. http://blogs.oglobo.globo.com/merval-pereira/post/verdade-distorcida.html Merval Pereira

também adotarem as medidas cabíveis para obter a reparação de seus prejuízos.

Diante do acordo fechado nos Estados Unidos, a indenização dos investidores brasileiros também deve ocorrer, por uma questão básica de justiça e equidade. Os fatos que serviram de base para o acordo no exterior são exatamente iguais aos que afetaram os investidores no mercado de capitais no Brasil.

Por esse motivo, nós os acrescentamos aos autos da Ação Civil Pública, pois é inadmissível que os mesmos fatos e atos gerem indenizações de bilhões nos EUA, e nada para os investidores que adquiriram ações no mercado nacional. O desfecho positivo no exterior enseja o reconhecimento de que haja uma indenização, em parâmetros similares, para os investidores locais.

Mas existe uma outra questão que necessita ser esclarecida.

Por meio do acordo, conseguiu-se a recuperação de valores superiores aos obtidos, até o momento, pela Operação Lava Jato. Explico. Enquanto por meio da Operação Lava Jato recuperou-se, até dezembro de 2017, o montante de R$ 1,47 bilhão, o valor do acordo resultante da *Class Action* é aproximadamente seis vezes maior. E o dinheiro vai para os acionistas, justamente os que foram mais lesados!

Há que se aclarar, o que não parece evidente para muitos, que a recuperação do patrimônio privado é tão importante quanto a recomposição do patrimônio público. A indenização dos investidores, pessoas de boa-fé, cujas perdas também foram causadas pelos atos de corrupção, é, por qualquer critério que se analise, um ato eticamente meritório, uma vez que eles, ao contrário da Petrobras, não tiveram qualquer participação nas irregularidades ocorridas.

E não se alegue que tais investidores são apenas grandes tubarões do mercado financeiro (muito embora estes também mereçam igual proteção de seus investimentos). Que o digam os milhares de pensionistas e pequenos poupadores que, por meio de veículos de investimento institucional, aplicaram suas economias na Petrobras, e agora têm seu patrimônio ressarcido. A eficiência e a capacidade do sistema jurídico americano de proteger seus investidores certamente é um dos motivos pelos quais aquele mercado mostra-se mais atrativo.

Há que se ter em mente que a proteção do patrimônio dos investidores particulares é também essencial, não só como medida de justiça, mas também porque a função do mercado é garantir a segurança dos investimentos, permitindo o financiamento de grandes empresas.

Por certo que o mercado financeiro não pode garantir lucro a ninguém, mas tem que funcionar de acordo com regras que protejam o investidor contra aqueles que se utilizam da complexidade do mercado para lesar terceiros. A higidez e a confiabilidade do mercado de capitais, essenciais para qualquer economia desenvolvida, dependem da existência de efetivos mecanismos legais de proteção coletiva dos investidores.

O resultado obtido no exterior, que contrasta com as incertezas e dificuldades aqui encontradas, evidencia o quanto ainda precisamos aperfeiçoar nossa legislação – e nossas instituições – para garantir proteção equivalente aos que aqui investem.

Temos, portanto, muito o que aprender com esta lição e, também, novos desafios a enfrentar.

2. OS DESAFIOS

Do ponto de vista estritamente jurídico, por uma simples questão de lógica, entendemos que o Poder Judiciário brasileiro não poderá ser tolerante com o pagamento de indenização apenas no exterior, em detrimento de indenização devida também aos investidores locais.

Ante esta vitória, torna-se para mim um desafio ainda mais premente a solução da questão em meu próprio país, embora não possa afirmar, com total segurança, o resultado que teremos por aqui. A falta de segurança jurídica no país é imensa, e nossa história recente revela que o Poder Judiciário e as instituições que com ele interagem, com honrosas exceções, agem de forma que deixa muito a desejar.

A conquista obtida no exterior fez com que a discrepância entre as realidades jurídicas dos Estados Unidos e do Brasil ficasse ainda mais evidente, o que nos leva a uma contínua reflexão.

Não tenho aqui a intenção de pontificar sobre qualquer tema, mas apenas a de fazer algumas ponderações sobre quão diferente é atuar, neste e em outros casos, em jurisdições mais desenvolvidas. E, para tal, gostaria de terminar com considerações acerca dos desafios com que se depara nosso país. Ainda temos muito trabalho pela frente se quisermos assumir uma posição de destaque na ordem internacional.

Estou ciente de que, cada vez mais, as pessoas se posicionam sobre todo tipo de assunto; palpiteiros de plantão dizem ter a pronta solução para tudo. Essa cacofonia de opiniões não abalizadas é um dos grandes males do mundo atual, em que as redes sociais, como afirmou o filósofo Norberto Bobbio, "deram voz a uma legião de imbecis", limitando as discussões, quase sempre, ao mínimo denominador comum.

Meu objetivo, bem mais modesto, é o de compartilhar com os leitores algumas das conclusões a que cheguei após a experiência da *Class Action*.

3. O BRASIL E SUAS PERENES QUESTÕES CIVILIZATÓRIAS

Há muito dizem que o Brasil é o país do futuro.[46] Os mais críticos completam por dizer que é – e sempre será, ironizando as dificuldades do país em superar problemas crônicos.

Shimon Peres, ex-presidente de Israel e vencedor do Nobel da Paz, afirmava que "a civilização começou com a invenção do espelho". A frase, aparentemente simples, tem significado profundo: sintetiza a ideia de que apenas por meio da correta percepção de nós mesmos conseguimos fazer avaliações sobre como devemos evoluir. O aperfeiçoamento, portanto, começa pelo autoconhecimento.

Ocorre que o autoconhecimento per se nem sempre nos estimula a mudar. Há necessidade de atitude, que, segundo Winston Churchill, "é uma coisa pequena, mas que faz muita diferença".

Mencionei estas duas passagens porque entendo que, no Brasil, temos um déficit coletivo tanto de autoconhecimento,

---

[46] A expressão surgiu e ganhou popularidade com o livro "Brasil, o país do futuro" do austríaco Stefan Zweig, publicado em 1941.

quanto de atitude. Ele se apresenta na ausência de coragem em confrontar de forma realista nossos problemas estruturais e, também, em uma apatia, que nos permite aceitar problemas como condições inerentes à nossa realidade.

Lamentavelmente, nem a conjunção do fim do regime militar, o advento de uma nova Constituição e o período de algumas décadas de relativa estabilidade democrática nos permitiram superar a maior parte de nossas mazelas. Continuamos a conviver com níveis inaceitáveis de corrupção, miséria e violência, que só vieram a recrudescer com a desastrosa experiência que tivemos – seguindo o exemplo de outros países da América Latina – com políticos que adotaram uma ideologia de esquerda, populista e corrupta, com viés claramente autoritário.

De fato, uma parcela considerável dos brasileiros escolheu, a meu ver equivocadamente, uma direção que não leva à evolução em nenhum aspecto. A Venezuela é o exemplo acabado dos resultados deste padrão atrasado de pensamento. *I rest my case.*

É um entrave para nosso desenvolvimento que parte dessas pessoas ainda insista nesse erro, mantendo-se prisioneira de ideologias comprovadamente deletérias.

Outro fato que chama a atenção, em minha experiência de contato diário com profissionais de inúmeros países, é a perenidade dos nossos problemas. É comum às pessoas da minha geração (e imagino que também às que nasceram depois) terem escutado dos mais velhos, repetidamente, que o Brasil iria melhorar e que teríamos um futuro brilhante.

Entretanto, todas as décadas parecem ser perdidas; o futuro promissor sempre está muitos passos adiante, continua a ser uma quimera. Reiteradamente, década após década, estamos nos comportando coletivamente de maneira disfuncional. Enquanto sociedade, não conseguimos idealizar e colocar em prática um projeto nacional que altere as condições estruturais responsáveis por nosso atraso.

Contudo, não precisa ser assim.

Embora cada país tenha características particulares, testemunhamos na história recente casos de sucesso, como os da Coreia do Sul e da China, que conseguiram aumentar exponencialmente seus níveis de desenvolvimento econômico e de qualidade de vida da população. O ciclo rápido de crescimento destes países denota que é possível, por meio de um projeto nacional sério, gerar crescimento econômico e melhora de todos os indicativos de desenvolvimento humano em apenas algumas décadas.

Tal salto evolutivo não ocorreu no Brasil. Ao nos olharmos no espelho, somos forçados a constatar que estamos muito atrasados em tudo, como se estivéssemos ainda deitados em berço esplêndido, adormecidos, esperando que as coisas melhorem, mas sem vontade e atitude suficiente para acordar e tomar as rédeas de nosso destino. Ocorre que, neste momento histórico particular, a correção de nossa deficiência civilizatória não pode mais esperar, por um motivo muito simples: não temos mais tempo!

De fato, o mundo se globalizou em uma velocidade vertiginosa nas últimas décadas, em particular com o advento da internet e da chamada Sociedade da Informação. Hoje, independentemente da ideologia que se tenha, a economia é global, capitalista e, acima de tudo, pautada por uma competitividade agressiva.

As decisões econômicas são tomadas levando em conta realidades e circunstâncias que ultrapassam os cenários nacionais. O conhecimento e a formação de um capital humano altamente preparado tornou-se o principal diferencial de uma nação e, como se não bastasse, a globalização tem se revelado absolutamente impiedosa com quem não se mostra capaz de tirar proveito dela, tanto no plano individual, quanto no plano nacional.

Nesse cenário, em que o Brasil continua periférico, apresentando baixo desenvolvimento humano, cada minuto que passa (sim, minuto) é tempo perdido para concretizarmos o salto civilizatório necessário para que o país assuma posição de relevância. Gostemos ou não, o futuro chegou, mas ainda não estamos preparados, pois nossas instituições não estão capacitadas para apresentar soluções adequadas a uma realidade cada vez mais complexa.

O caso de corrupção da Petrobras e suas consequências não poderiam ser exemplo mais bem acabado disso.

Muitas das questões envolvidas na *Class Action* são um espelho da realidade brasileira e de como não estamos no mesmo compasso do que há de mais evoluído no mundo. Somente em um país com falhas institucionais muito graves poderia ter ocorrido um escândalo de corrupção de tais dimensões.

A Operação Lava Jato trouxe à tona muito do que já sabíamos, expondo um empresariado não acostumado com a competitividade e com a excelência, uma sociedade em grande parte complacente com a corrupção. Do ponto de vista legal, nos deparamos com a falta de institutos jurídicos, tanto para o controle da boa governança corporativa, quanto para corrigir a perda dos investidores.

Precisamos mudar este quadro imediatamente; simplesmente não temos a possibilidade de aguardar uma ou mais gerações para que sejam feitas as mudanças necessárias.

Acredito firmemente que o Direito tem grande influência civilizatória. É um dos meios de impulsionar a sociedade na direção certa, preservando sua pluralidade, mas permitindo que alcancemos objetivos comuns.

Precisamos de menos conflito e mais cooperação, menos antagonismo e mais vontade de trabalhar juntos. Precisamos que nossas instituições governamentais parem de funcionar como se seguissem à risca o *script* de uma comédia de erros. Sangue nos olhos, neste contexto, só se for para lutar pelo Brasil.

Mas as minhas conclusões não são apenas negativas.

O caso da *Class Action*, decorrente ele mesmo da Operação Lava Jato, representou também um enorme salto evolutivo, embora ainda seja uma exceção, comprovando que podemos e devemos encontrar melhores soluções para nossas mazelas – e a maior delas parece ser, no momento, a corrupção.

Apesar de se tratar de um fenômeno global, devemos reconhecer que, coletivamente, nossa sociedade foi historicamente complacente com a corrupção. Tal atitude, jamais eticamente defensável, é atualmente insustentável e, mais do que nunca, deletéria aos interesses do país. Fato é que a corrupção, no Brasil, tomou proporções inacreditáveis, como um câncer que se espalha em um organismo saudável.

A situação é inaceitável. Chegamos a um ponto tal que, parafraseando Policarpo Quaresma ao falar da saúva, podemos afirmar: "Ou o Brasil acaba com a corrupção, ou a corrupção acaba com o Brasil".[47]

Não é possível que qualquer país se desenvolva nestas circunstâncias, porque a corrupção não é apenas um crime econômico, mas um crime contra o próprio Estado de Direito e toda a sociedade. Ao contrário de outros crimes, ela atinge o bem jurídico fundamental: a confiança mútua que todos os membros da sociedade devem ter, que é a própria base do contrato social que permite aos países se desenvolverem e prosperarem.

A corrupção fere, portanto, a base ética que sustenta nosso funcionamento como sociedade organizada. Quando atinge a atividade estatal, torna-se uma ação contra a própria comunidade. O cidadão que a tolera está necessariamente omitindo-se face a uma situação que o prejudica diretamente, uma vez que a corrupção enfraquece as instituições, comprometendo os valores democráticos e até mesmo a própria Justiça.

Acerca do quanto pode ser insidiosa a corrupção para a sociedade, vale a pena mencionar o já clássico discurso de Theodore Roosevelt que é referência sobre o tema:[48]

---

[47] A frase original "Ou o Brasil acaba com a saúva, ou a saúva acaba com o Brasil", é atribuída ao naturalista francês Auguste Saint-Hilaire (1779-1853), mas popularizada pelo personagem quixotesco de Lima Barreto na obra "O triste fim de Policarpo Quaresma".

[48] Theodore Roosevelt. Terceira Mensagem Anual ao Congresso Americano, em 07.11.1903 (Tradução Livre). Disponível em: http://www.presidency.ucsb.edu/ws/?pid=29544

"Não pode haver crime mais grave do que a corrupção.

Outras ofensas violam uma lei, enquanto a corrupção atinge a base de todas as leis. Sob nossa forma de governo, toda autoridade emana do povo, que a investe naqueles que o representam oficialmente.

Não pode haver ofensa mais indigna quando aquele, em quem a sagrada confiança foi depositada, a vende para seu próprio ganho e enriquecimento; e não menos indigna é a ofensa de quem suborna. Ele é pior do que o ladrão, pois o ladrão rouba um indivíduo, enquanto o agente público corrupto saqueia uma cidade ou um Estado inteiro. Ele é tão perverso como o assassino, pois se o assassino pode tirar uma vida, o agente público corrupto e o corruptor visam o assassinato da própria comunidade.

O governo do povo, pelo povo, e para o povo perecerá da face da Terra se o suborno for tolerado. Os corruptos e corruptores possuem uma preeminência maligna na infâmia.

A exposição e punição da corrupção pública são uma honra para uma nação, e não uma desgraça. A vergonha reside na tolerância, não na correção. Nenhuma cidade ou estado, ainda menos a nação, podem ser feridos pela aplicação da lei. Enquanto tais saqueadores puderem encontrar refúgio em qualquer terra estrangeira para evitar a punição, um incentivo lhes será dado para continuar com suas práticas. Se não conseguirmos fazer todo o necessário para erradicar a corrupção, não poderemos escapar de nossa cota de responsabilidade.

O primeiro requisito de um governo bem-sucedido é a aplicação inabalável da lei para a erradicação da corrupção."

Estudos realizados no âmbito das Nações Unidas[49] destacam de forma absolutamente clara o efeito danoso da corrupção às chances de desenvolvimento de um país:

> "A corrupção é o maior obstáculo ao desenvolvimento econômico e social no mundo. A cada ano, US$ 1 trilhão é gasto em subornos, enquanto cerca de US$ 2,6 trilhões são desviados pela corrupção – soma equivalente a mais de 5% do PIB mundial. O Programa das Nações Unidas para o Desenvolvimento estima que nos países em desenvolvimento, a quantia desviada de seus destinos pela corrupção é dez vezes superior ao valor destinado à assistência oficial para o desenvolvimento. Mas a corrupção não se limita apenas a roubar fundos das áreas em que eles são mais necessários; ela também leva a um governo fraco que pode, por sua vez, estimular redes de crime organizado e promover crimes como o tráfico de pessoas e de armas, o contrabando de migrantes, além da falsificação de produtos e do comércio de espécies animais ameaçadas de extinção."

Percebe-se, portanto, que a corrupção afeta a cada um de nós individualmente, seja pelo desvio irregular de recursos de áreas aonde eles seriam essenciais (como saúde e educação), seja pelo enorme impacto negativo que exerce sobre outros setores vitais, causando, por exemplo, o enfraquecimento tanto de instituições e do processo democrático, quanto da confiança necessária para investimentos.

---

[49] *Corrupção e Desenvolvimento. Escritório das Nações Unidas sobre Drogas e Crime.* Disponível em: www.unodc.org/documents/lpo.../CORRUPCAO_E_DESENVOLVIMENTO.pdf

Portanto, diferentemente do que alguns alegam, a corrupção não é o que popularmente se define como um crime de arma branca.

Na verdade, a corrupção é diretamente responsável por inúmeras mortes e por um sofrimento generalizado, seja por meio do desvio de recursos destinados a atender as necessidades básicas, seja pela violência gerada pela criminalidade exacerbada, diante de um estado sem recursos para combatê-la.

Não é possível ignorar que a situação de absoluto descalabro em que se encontram a saúde e educação, em nosso país, esteja diretamenta vinculada à corrupção. Trata-se de um efeito direto, que há de continuar resultando em situações calamitosas – como mortes por falta de recursos em hospitais públicos, ou crimes em escolas, em pleno horário letivo – enquanto não for equacionado.

Para além disso, a corrupção também macula a integridade das atividades do setor privado, funcionando como entrave à inserção do Brasil na comunidade internacional. Os fatos que levaram ao ajuizamento da *Class Action* são o exemplo mais bem acabado de tal afirmação.

Não há, evidentemente, a possibilidade de acesso aos mercados internacionais mais desenvolvidos sem que adotemos as práticas corporativas de acordo com os padrões éticos por eles observados. A tentativa de fazer de forma diferente causará problemas a todos, pois os investidores estrangeiros são mais exigentes e dispõem de instrumentos mais eficazes para a proteção de seus direitos.

Neste sentido, cito o advogado Lúcio Feijó Lopes:[50]

> "O prejuízo causado pela corrupção no Brasil rompeu há tempos as fronteiras do mundo político e do território nacional. Com as operações deflagradas pela Polícia Federal envolvendo algumas das maiores empresas de capital aberto do país, a conta também chegou à Justiça dos principais centros financeiros internacionais, como o americano. Os processo e investigações podem resultar, se prosperarem, em indenizações milionárias e implicações criminais no exterior.
>
> Um estudo divulgado recentemente pelo "D&O Diary" mostrou que as ações civil coletivas (*class actions*) ajuizadas nos EUA contra empresas por violações de leis federais do mercado acionário cresceram 43% no ano passado. Desse percentual, 24% correspondem a companhias não americanas, dentre as quais as brasileiras lideram o ranking.
>
> (...)
>
> Desde a reabertura dos mercados de capitais internacionais para empresas brasileiras, em meados da década passada, várias delas se beneficiaram dessa alternativa importante de fonte de recursos e realizaram captações recentes nos EUA, Europa e Ásia, via emissão de ações e títulos.
>
> Só que nesse acesso não há "almoço grátis". Ao alcançarem investidores em países desenvolvidos, emissores gozam do bônus de levantar volumes maiores de dinheiro por prazos mais elásticos e custo mais atrativo que no Brasil, mas também assumem o ônus de terem que lidar com um público investidor qualificado, exigente e ativista."

---

[50] LOPES, Lúcio Feijó. *Ações, bonds e compliance*. Valor Econômico de 02.06.2017 p. E2.

> Num apanhado geral, as principais *class actions* ajuizadas atualmente contra empresas brasileiras nos EUA (em 2016 foram quatro) alegam que elas e seus diretores falharam em tornar público (*disclosure*) que as empresas estavam envolvidas em esquemas de corrupção e fraudes deflagrados por operações policiais e que, em razão disso, as ações e títulos corporativos sofreram desvalorização substancial."

Cada vez mais a comunidade internacional, ciente dos danos causados pela corrupção transnacional, objetiva criar instrumentos para seu combate, ciente de que, em um mundo globalizado, sua prática evidentemente não se encontra limitada a ações cometidas dentro de um país.

Mas de nada adianta a existência de leis rigorosas, se as mesmas não são aplicadas e se a sociedade não se conscientiza da necessidade de tomar atitudes.

A história recente do Brasil tem nos dado exemplos heroicos de instituições e pessoas que estão fazendo a diferença, aquelas que demonstram atitude e não ficam imóveis diante dos problemas.

De fato o fortalecimento da sociedade civil é *conditio sine qua non* para o funcionamento normal de uma sociedade democrática evoluída.

Há muitas décadas o celebrado jornalista Edward R. Murrow afirmou que "uma nação formada por cordeiros terá sempre um governo de lobos". A frase, que continua atualíssima, comprova que o fortalecimento da sociedade civil é essencial, assim como a atitude de respeito ao Direito e à legalidade.

Nesse sentido, apenas por meio de uma associação que buscava a defesa dos minoritários conseguimos fazer uma ação coletiva para discutir a indenização da Petrobras também no Brasil. Foi um exemplo de ação concreta por parte da sociedade civil, objetivando influenciar o governo, para que haja respeito à ética econômica no país.

4. UM ALENTO PARA O FUTURO

Acredito que as novas gerações de brasileiros, apesar das dificuldades ainda existentes, têm todas as condições de mudar esse destino. Não se trata de escolha, mas de nossa única opção, pois como disse Jack Welch, ex-CEO da General Eletric: "Se você mesmo não assumir o controle da sua vida, alguém o fará".

Como no conto do pássaro, portanto, o nosso destino está em nossas mãos.[51]

Precisamos, portanto, ter consciência de que não contaremos, como país, com a ajuda de mais ninguém, pois como diz um famoso provérbio sueco, "o melhor lugar para encontrar uma mão amiga é no final do seu braço."

Isso é válido para pessoas, grupos e também para nações. Temos de jogar o jogo da vida com as cartas que nos foram

[51] O conhecido conto do pássaro na mão diz que em algum lugar do passado havia um famoso sábio, com a reputação de saber responder a toda pergunta que lhe fosse feita. Um garoto pensou que poderia enganá-lo. Disse ele: "Vou pegar um passarinho, que levarei preso em minhas mãos, e perguntarei a ele se ele está vivo ou morto. Caso o sábio diga que está vivo, aperto o passarinho, mato-o; mas se ele disser que está morto, abro a mão e deixo ele voar." Quando o garoto se aproximou e perguntou ao sábio se o passarinho que segurava estava vivo ou morto, o sábio simplesmente respondeu: "A resposta a esta pergunta está em suas mãos".

dadas, sendo realistas e pragmáticos. Todos os que enfrentam situações em que devem optar por seguir caminhos desafiadores, trabalhosos ou difíceis claramente estão na direção daquilo que é preciso fazer para o desenvolvimento.

A experiência da *Class Action* foi uma destas oportunidades, e sinto-me satisfeito por ter tomado as atitudes corretas. Espero ter atuado de forma a dar um exemplo positivo àqueles que ainda estão no início de suas carreiras.

Estou disposto a construir um país melhor. Espero que o meu relato, ao mostrar o lado humano das minhas experiências, possa levar uma mensagem de incentivo aos que irão enfrentar situações semelhantes.

Acredito plenamente que somos parte de um longo processo civilizatório, e que cada um de nós tem a responsabilidade de dar sua contribuição, ainda que humilde, da melhor maneira que puder.

E nesse caminho, que trilhamos juntos, espero encontrá-los futuramente para que possamos, quem sabe, trabalhar em outras questões, cujas soluções demandarão nossos esforços conjuntos. Não podemos nos acomodar, pois só evoluímos quando saímos de nossa zona de conforto.

Gostaria, por fim, de encerrar o livro com a frase que repito diariamente aos advogados que trabalham comigo, quando chegamos a uma conclusão sobre os caminhos a serem adotados em determinado caso. No complexo momento em que se encontra o Brasil, ela vem a calhar:

Vamos em frente!

Anexos

UNITED STATES DISTRICT COURT
SOUTHERN DISTRICT OF NEW YORK

PETER KALTMAN, Individually And On Behalf Of All Others Similarly Situated, Plaintiff, vs. PETRÓLEO BRASILEIRO S.A. - PETROBRAS, Defendant.	Civil Action No. 14- **CLASS ACTION COMPLAINT** **JURY TRIAL DEMANDED**

Plaintiff Peter Kaltman ("Plaintiff"), individually and on behalf of all other persons similarly situated, by his undersigned attorneys, alleges the following based upon personal knowledge as to Plaintiff's own acts, and upon information and belief as to all other matters. Plaintiff's allegations are based on the investigation conducted by Plaintiff's undersigned attorneys jointly with the Brazilian law firm, Almeida Advogado, which included, among other things: (a) a review and analysis of Petróleo Brasileiro S.A. - Petrobras ("Petrobras" or the "Company") public filings with the United States Securities and Exchange Commission ("SEC"); (b) a review and analysis of press releases, public statements, and other publicly available information disseminated by, or concerning, Petrobras and related parties; and (c) a review and analysis of Petrobras's press conferences, analyst conference calls, conferences, presentations, and corporate website.

I. SUMMARY OF THE ACTION

1. This is a federal securities class action on behalf of a class consisting of all persons or entities who purchased American Depositary Shares ("ADSs") of Petrobras on a United States exchange, from May 20, 2010 through November 21, 2014, inclusive (the "Class Period").

2. Petrobras explores for, and produces, oil and natural gas. The Company refines, markets, and supplies oil products. Petrobras operates oil tankers, distribution pipelines, marine, river and lake terminals, thermal power plants, fertilizer plants and petrochemical units.

3. During the Class Period, Defendant made materially false and misleading statements by misrepresenting facts and failing to disclose a multi-year, multi-billion dollar money-laundering and bribery scheme. Specifically, Petrobras's senior executives inflated the value of the Company's construction contracts for the sole purpose of receiving kickbacks from companies such as Odebrecht S.A. ("Odebrecht") and SBM Offshore NV ("SBM") that were awarded the contracts illegally. These illegal acts caused the Company to overstate its property, plant and equipment line item on its balance sheet because the overstated amounts paid on inflated third party contracts were carried as assets on the balance sheet.

4. In addition, this illegal bribery and kickback scheme further violated representations Petrobras made to its investors concerning the Company's own anti-corruption and anti-bribery practices under its Code of Ethics. During the Class Period, Petrobras filed reports, forms, and other documents with the SEC that contained false and misleading statements regarding the effectiveness of Petrobras's internal controls and procedures. Petrobras consistently represented that the "Company identified no change in its internal controls over financial reporting."

5. Further, during the Class Period, the Company's Chief Executive Officers, Jose Sergio Gabrielli de Azevedo ("Azevedo") and Maria das Gracas Silva Foster ("Foster"), and its Chief Financial Officer, acting on behalf of Petrobras, signed certifications pursuant to the Sarbanes-Oxley Act of 2002. Those certifications contained false and misleading representations that Petrobras had disclosed "[a]ll significant deficiencies and material weaknesses in the design

or operation of internal control over financial reporting."

6. Foster was the Company's Chief Gas and Power Officer from September 21, 2007 through January 2012. Since February 2012, Foster has been the Company's Chief Executive Officer. Since July 2012, Foster has been the Company's Chief International Officer. Foster has been a member of the Company's Board of Directors since February 2012.

7. According to various media reports, Petrobras's top executives, including Paulo Roberto Costa ("Costa") and Renato de Souza Duque ("Duque"), were principal executives in the money laundering and bribery scheme that has been estimated to total 10 billion Brazilian reais or approximately $4.4 billion. Costa was a member of Petrobras's senior management as the Company's Chief Downstream Officer from May 14, 2004 through April 2012. As the Chief Downstream Officer, Costa was the top executive in charge of Petrobras's refining division. As such, Costa was intimately aware and had knowledge of the needs of the Company's refineries, including the state of current and future contracts. Duque was also a member of Petrobras's senior management as the Company's Chief Services Officer from January 31, 2003 through February 2012. As the Chief Services Officer, Duque was in charge of Petrobras's engineering and services division and worked closely with the Company's refining division. Duque's engineering division was co-responsible for Abreu e Lima contracts.

8. Costa and Duque were senior officers of Petrobras and their knowledge and active participation in the scheme are attributable to Petrobras. Costa and Duque had the power to bind Petrobras to the inflated contracts, and as senior officers of Petrobras, they routinely recommended such contracts to Petrobras's executive board for approval. According to Costa's testimony, which was released by a Brazilian federal court, Costa admitted that for, at least, seven years, he and other Petrobras executives accepted bribes "from companies to whom

Petrobras awarded inflated construction contracts" and "then used the money to bribe politicians through intermediaries to guarantee they would vote in line with the ruling party while enriching themselves."[1] Odebrecht is one of those contractors that has been specifically named by Costa. Odebrecht's offices were subsequently searched, and documents were seized that concerned Odebrecht grossly overbilling Petrobras in an $835 million contract. SBM, another contractor of Petrobras, has admitted to bribing individuals related to Petrobras in an amount in excess of $139 million, and has been fined by Dutch authorities for improper payments to sales agents in several countries including Brazil from 2007 through 2011.

9. Besides Petrobras's top executives, the illegal bribery and kickback scheme also involved politicians and a group of, at least, 16 contractors who formed a cartel that assured that its members of the cartel would win Petrobras's major contracts including ones related to an oil refinery called "Pasadena" located in Texas and the Abreu e Lima refinery ("RNEST") located in Pernambuco, Brazil. According to Brazilian prosecutors and the Brazilian Federal Police, Costa granted contracts to these "Brazilian construction companies that systemically inflated their costs by as much as 20%."[2] After winning the contracts, "the construction companies kicked back up to 3% of a contract's total value in the form of bribes to Mr. Costa, Brazilian politicians and money launderers"[3] from the profits received from the inflated contracts.

10. As of November 14, 2014, the Brazilian Federal Police, under Operation "Car Wash", has arrested at least 24 suspects in connection with the money laundering and bribery scheme, including Alberto Youssef ("Youssef"), a black market money launderer. Youssef was

---

[1] Sabrina Valle and Juan Pablo Spinetto, *Petrobras 'Human Bomb' Revelations Fixate Brazil as Vote Looms*, BLOOMBERG, Oct. 20, 2014.
[2] Paul Kiernan, *Petrobras Corruption Scandal Draws Attention of U.S. Investigators*, WALL STREET JOURNAL, Nov. 12, 2014.
[3] *Id.*

considered to be the scheme operator and has been promised of reduced sentences by Brazilian prosecutors in exchange for his cooperation. Youssef testified that the bribery scheme was rampant throughout Petrobras and its subsidiaries, and that each subsidiary's board split the bribery money with its respective politicians.[4]

11. Through a series of revelations including the arrests of Costa and Duque and admission that the Company may have to adjust its historical financial statements to recognize the difference in overpricing its construction contracts, the closing price of Petrobras's ADSs have declined from a $19.38 per ADS on September 5, 2014 to $10.50 per ADS on November 24, 2014, representing a decline of $8.88 per ADS or 46%.

II. JURISDICTION AND VENUE

12. The claims asserted herein arise under and pursuant to Section 10(b) of the Exchange Act (15 U.S.C. §§ 78j(b)) and SEC Rule 10b-5 promulgated thereunder (17 C.F.R. § 240.10b-5).

13. This Court has jurisdiction over the subject matter of this action pursuant to Section 27 of the Exchange Act (15 U.S.C. § 78aa) because the District Courts of the United States have exclusive jurisdiction over civil actions brought to enforce liabilities under the Exchange Act. In addition, this case arises under the laws of the United States and this Court has federal question jurisdiction pursuant to 28 U.S.C. § 1331.

14. Venue is proper in this District pursuant to Section 27 of the Exchange Act, 15 U.S.C. § 78aa and 28 U.S.C. § 1391(b) because Petrobras transacts business in this District and has agents in this District. Among other things, Petrobras's ADSs are listed on the NYSE, which is located within this District, and Petrobras has an office at 570 Lexington Avenue, 43rd Floor, New York, NY 10022.

---

[4] *There is Bribery in Every Board of Petrobras, Says Youssef*, UOL, Oct. 10, 2014.

15. Petrobras is not immune from suit in the United States under the Foreign Sovereign Immunities Act ("FSIA")[5] as Petrobras engages in commercial activity, both in the United States and elsewhere having a direct effect in the United States. *See* 28 U.S.C. § 1605(a)(2).

16. Petrobras has continuous and systematic contacts with the United States and is doing business within Texas, New York and elsewhere in the United States. Petrobras produces oil and gas with refinery operations in the United States. Petrobras owns Pasadena Refining System Inc. ("PRSI"), headquartered in Pasadena, Texas and 100% of PRSI's related trading company - PRSI Trading, LLC. PRSI Trading, LLC is a Domestic Limited Liability Company located in Texas.

17. Petrobras has sufficient minimum contacts within New York to make the exercise of jurisdiction over it by the federal courts in New York consistent with traditional notions of fair play and substantial justice. Defendant Petrobras transacts business, has an agent, and/or is found within New York, and the unlawful conduct alleged in this complaint had effects in New York.

18. In connection with the acts, conduct and other wrongs alleged in this Complaint, Petrobras, directly or indirectly, used the means and instrumentalities of interstate commerce, including but not limited to, the United States mail, interstate telephone communications and the facilities of the national securities exchanges.

III. THE PARTIES

19. Plaintiff Peter Kaltman, a resident of New York, purchased Petrobras's ADSs, in reliance on Defendant's materially false and misleading statements and omissions of material

---

[5] The FSIA is codified at Title 28, United States Code, §§ 1330, 1332, 1391(f), 1441(d), 1602-1611.

facts and the integrity of the market for Petrobras's ADSs at artificially inflated prices during the Class Period, and was damaged when the truth about Petrobras, that was misrepresented and omitted during the Class Period, was revealed to the market. The certification of Peter Kaltman, with a listing of his transactions in Petrobras's ADSs during the Class Period, is annexed hereto.

20. Petrobras is an integrated oil and gas company that is the largest corporation in Brazil, in terms of revenue. The Company operates nearly all of the refining capacity in Brazil. As of December 31, 2013, the Brazilian federal government owned 28.67% of Petrobras outstanding capital stock and 50.26% of its common shares and is the controlling shareholder of Petrobras. Petrobras is incorporated in Brazil and its ADSs are listed on the NYSE under the symbol "PBR." The Company also operates in 17 other countries, including the United States where it produces oil and gas and has refining operations. Petrobras has an office at 570 Lexington Avenue, 43rd Floor, New York, NY 10022. Petrobras America Inc. is located at 10350 Richmond Avenue, Suite 1400, Houston, Texas 77042.

IV. CLASS ACTION ALLEGATIONS

21. Plaintiff brings this action as a class action on behalf of a class consisting of all persons who purchased Petrobras's ADSs on a United States exchange during the Class Period (May 20, 2010 through November 21, 2014), and who were damaged thereby (the "Class").

22. This action is brought pursuant to Federal Rules of Civil Procedure 23(a) and 23(b)(3).

23. The members of the Class are so numerous that joinder of all members is impracticable. While the exact number of Class members is unknown to Plaintiff at this time and can only be ascertained through appropriate discovery, Plaintiff believes that there are thousands of members in the proposed Class. During the Class Period, approximately 768 million Petrobras's ADSs were outstanding. The proposed Class may be identified from records

maintained by Petrobras or its transfer agent and may be notified of the pendency of this action by mail using a form of notice similar to that customarily used in securities class actions.

24. Plaintiff's claims are typical of the claims of the members of the Class. Plaintiff purchased Petrobras's ADSs on a United States exchange during the Class Period and was damaged by Defendant's violations of the Exchange Act. All members of the Class are similarly affected by Defendant's wrongful conduct.

25. Plaintiff will fairly and adequately protect the interests of the members of the Class and has retained counsel competent and experienced in class and securities litigation. Plaintiff has no interests antagonistic to, or in conflict with, the Class he seeks to represent.

26. Common questions of law and fact exist as to all members of the Class and predominate over any questions solely affecting individual members of the Class. Among the questions of law and fact common to the Class are:

a. whether Section 10(b) the Exchange Act, and SEC Rule 10b-5 promulgated thereunder, were violated by Defendant's acts as alleged herein;

b. whether Petrobras's filings with the SEC, including its quarter-end and year-end reports, the documents referenced therein, and/or subsequent public statements by Defendant and senior executives on behalf of Petrobras were materially false or misleading;

c. whether Petrobras acted with scienter in misrepresenting and/or omitting to state material facts;

d. whether the market price of Petrobras's ADSs was artificially inflated due to the material misrepresentations and/or non-disclosures complained of herein; and

e. to what extent Plaintiff and members of the Class have sustained damages and the proper measure of damages.

27. A class action is superior to all other available methods for the fair and efficient adjudication of this controversy since joinder of all members is impracticable. Furthermore, as the damages suffered by individual Class members may be relatively small, the expense and burden of individual litigation make it impossible for members of the Class to individually redress the wrongs done to them. There will be no difficulty in the management of this action as a class action.

V. MATERIALLY FALSE AND MISLEADING STATEMENTS ISSUED DURING THE CLASS PERIOD

Form 20-F for Year Ended December 31, 2009

28. On May 20, 2010, the Company filed its annual report for the year ended December 31, 2009 on a Form 20-F with the SEC (the "2009 20-F"). The 2009 20-F was signed by Jose Sergio Gabrielli de Azevedo ("Azevedo"), the Company's then CEO, and Almir Guilherme Barbassa ("Barbassa"), the Company's Chief Financial Officer and Chief Investor Relations Officer. The Form 20-F stated the Company's financial results and financial position. In addition, the 2009 Form 20-F contained signed certifications pursuant to the Sarbanes-Oxley Act of 2002 ("SOX") by Azevedo and Barbassa. The SOX certifications stated that the financial information contained in the 2009 20-F was accurate and disclosed any material changes to the Company's internal control over financial reporting. Specifically, the certifications represented that the 2009 20-F did "not contain any untrue statement of a material fact or omit to state a

material fact necessary to make the statements made, in light of the circumstances under which such statements were made, not misleading with respect to the period covered by this report." The certifications also stated that Azevedo and Barbassa have disclosed "[a]ll significant deficiencies and material weaknesses in the design or operation of internal control over financial reporting which are reasonably likely to adversely affect the Company's ability to record, process, summarize and report financial information" and "[a]ny fraud, whether or not material, that involves management or other employees who have a significant role in the Company's internal control over financial reporting." Azevedo and Barbassa's statements were attributable to the Company.

29. In addition, the 2009 20-F stated that the management of the "Company identified no change in its internal control over financial reporting during the fiscal year ended December 31, 2009, that has materially affected or is reasonably likely to materially affect its internal control over financial reporting."

30. The 2009 20-F incorporated the Petrobras Code of Ethics ("Code"), available on the Company's corporate website and stated that the Code "is applicable to all employees, the board of executive officers and the board of directors." The 2009 20-F represented that in 2008, the Company's executive officers "further developed our ethics management through the creation of the Petrobras Ethics Commission" "to promote compliance with ethical principles."

31. These statements were materially misleading because the money laundering and bribery scheme that was ongoing in 2009 was in blatant violation of the Code, which expressly stated that the Company's employees, executive officers and members of the board of directors were to "refuse any corrupt and bribery practices, keeping formal procedures for control and consequences of any transgressions."

32. The 2009 20-F also represented that the Company's assets under property, plant and equipment ("PP&E") were worth $136.2 billion at the end of 2009. Further, the Form 2009 20-F represented that under the Company's PP&E, "costs incurred in connection with the exploration, development and production of oil and gas are recorded in accordance with the 'successful efforts' method," which required that costs incurred "in connection with the drilling of developmental wells and facilities in proved reserve production areas and successful exploratory wells be capitalized." These statements were materially false and misleading because the Company failed to disclose that the value of the Company's PP&E was adversely impacted by illegal activities that inflated the value of numerous construction contracts related to Petrobras's refineries and operations.

33. The 2009 20-F also stated that:

> Odebrecht, Petrobras, Petroquisa and Braskem executed an agreement, seeking to regulate their commercial and corporate relationship in the Petrochemical Complex of the State of Rio de Janeiro (COMPERJ) and in the Petrochemical Complex of Suape (Suape Complex)....These transactions are in alignment with the interests of Odebrecht and Petrobras to integrate their petrochemical businesses in Braskem.

34. This statement was false and misleading because Petrobras failed to disclose to the market that the Company's executives, including Costa and Duque, were inflating construction contracts and awarding them to a cartel of selected construction companies, including Odebrecht and SBM, after receiving significant bribes.

Form 20-F for Year Ended December 31, 2010

35. On May 26, 2011, the Company filed an annual report for the year ended December 31, 2010 on a Form 20-F with the SEC (the "2010 20-F"), which was signed by Azevedo and Barbassa, and stated the Company's financial results and financial position. The 2010 20-F contained signed certifications pursuant to SOX by Azevedo and Barbassa, stating

that the financial information contained in the Form 20-F was accurate and disclosed any material changes to the Company's internal control over financial reporting. Specifically, the certifications represented that the 2010 20-F did "not contain any untrue statement of a material fact or omit to state a material fact necessary to make the statements made, in light of the circumstances under which such statements were made, not misleading with respect to the period covered by this report." The certifications also stated that Azevedo and Barbassa have disclosed "[a]ll significant deficiencies and material weaknesses in the design or operation of internal control over financial reporting which are reasonably likely to adversely affect the Company's ability to record, process, summarize and report financial information" and "[a]ny fraud, whether or not material, that involves management or other employees who have a significant role in the Company's internal control over financial reporting." These statements by Azevedo and Barbassa were attributable to the Company.

36. In addition, the 2010 20-F stated that the management of the "Company identified no change in its internal control over financial reporting during the fiscal year ended December 31, 2010, that has materially affected or is reasonably likely to materially affect its internal control over financial reporting."

37. The 2010 20-F incorporated the Code, available on the Company's corporate website and stated that the Code "is applicable to all employees, and the members of the board of executive officers and the board of directors." The 2010 20-F represented that in 2008, the Company's executive officers "further developed our ethics management through the creation of the Petrobras Ethics Commission" "to promote compliance with ethical principles."

38. These statements were materially misleading because the money laundering and bribery scheme ongoing in 2010 was in violation of the Code, which stated that the Company's

employees, executive officers and members of the board of directors were to "refuse any corrupt and bribery practices, keeping formal procedures for control and consequences of any transgressions."

39. The 2010 20-F represented that the Company "invested a total of U.S. $6,681 million in our refineries" and its PP&E amounted to $218.6 billion at the end of 2010. Further, the Form 20-F represented that under the Company's PP&E, "costs incurred in connection with the exploration, development and production of oil and gas are recorded in accordance with the 'successful efforts' method," where "costs are accumulated on a field-by-field basis with certain exploratory expenditures and exploratory dry holes being expensed as incurred." These statements were materially false and misleading because the Company failed to disclose that the value of the Company's PP&E and investments in refineries were adversely impacted by illegal activities that inflated the value of numerous construction contracts related to Petrobras's refineries and operations.

40. The Company failed to disclose to the market that the Company's senior executives who had the ability to bind the Company to multi-billion dollar contracts were active participants in the money laundering and bribery scheme. Specifically, senior executives such as Costa and Duque were signing off on the inflated construction contracts and recommending them to Petrobras's executive boards for approval. In essence, through their senior positions in the Company, Costa and Duque had the authority to award the inflated construction contracts to a select group of construction companies including Odebrecht after receiving significant bribes, and as a result, the Company falsely represented that Petrobras's transaction with Odebrecht "are in alignment with the interests of Odebrecht and Petrobras."

Form 20-F for Year Ended December 31, 2011

41. On April 2, 2012, the Company filed an annual report for the year ended December 31, 2011 on a Form 20-F with the SEC (the "2011 20-F"), which was signed by Barbassa and Foster, and stated the Company's financial results and financial position. In addition, the 2011 20-F contained signed certifications pursuant to SOX by Barbassa and Foster, stating that the financial information contained in the 2011 20-F was accurate and disclosed any material changes to the Company's internal control over financial reporting. Specifically, the certifications represented that the 2011 20-F did "not contain any untrue statement of a material fact or omit to state a material fact necessary to make the statements made, in light of the circumstances under which such statements were made, not misleading with respect to the period covered by this report." The certifications also stated that Barbassa and Foster have disclosed "[a]ll significant deficiencies and material weaknesses in the design or operation of internal control over financial reporting which are reasonably likely to adversely affect the Company's ability to record, process, summarize and report financial information" and "[a]ny fraud, whether or not material, that involves management or other employees who have a significant role in the Company's internal control over financial reporting." These certifications are attributable to the Company.

42. In addition, the 2011 20-F stated that the management of the "Company identified no change in its internal control over financial reporting during the fiscal year ended December 31, 2011, that has materially affected or is reasonably likely to materially affect its internal control over financial reporting."

43. The 2011 20-F incorporated the Code, available on the Company's corporate website and stated that the Code "is applicable to all employees, and the members of the board of executive officers and the board of directors." The 2011 20-F represented that in 2008, the

Company's executive officers "further developed our ethics management through the creation of the Petrobras Ethics Commission" "to promote compliance with ethical principles."

44. These statements were materially false and misleading because the money laundering and bribery scheme that was ongoing in 2011 was in violation of the Code, which stated that the Company's employees, executive officers and members of the board of directors were to "refuse any corrupt and bribery practices, keeping formal procedures for control and consequences of any transgressions."

45. The 2011 20-F represented that the Company's PP&E amounted to $182.5 billion at the end of 2011 and the Company "invested a total of U.S. $5,618.75 million in our refineries, of which U.S. $1,208.89 million was invested for hydrotreating units to improve the quality of our diesel and gasoline and U.S. $1,039.19 million for coking units to convert heavy oil into lighter products." The Company represented that the "most important tangible assets are wells, platforms, refining facilities, pipelines, vessels and other transportation assets, and power plants." Also, the Form 20-F represented that under the Company's PP&E, "costs incurred in connection with the exploration, development and production of oil and gas are accounted for in accordance with the successful efforts method" which required "that capitalization of costs incurred in connection with the development of proved reserve areas and successful exploratory wells." Further, the 2011 20-F represented, unlike prior Form 20-Fs, that PP&E is measured "at the cost of acquisition or construction, which represents the costs incurred for bringing the asset to the condition for operation, adjusted during hyperinflationary periods, less accumulated depreciation and impairment losses."

46. These statements were materially false and misleading because the Company failed to disclose that the value of the Company's PP&E and investments in refineries were

adversely impacted by illegal activities that inflated the value of numerous construction contracts related to Petrobras's refineries and operations.

Form 20-F for Year Ended December 31, 2012

47. On April 29, 2013, the Company filed an annual report for the year ended December 31, 2012 on a Form 20-F with the SEC (the "2012 20-F"), which was signed by Barbassa and Foster, and stated the Company's financial results and financial position. In addition, the 2012 20-F contained signed certifications pursuant to SOX by Barbassa and Foster, and stated that the financial information contained in the Form 20-F was accurate and disclosed any material changes to the Company's internal control over financial reporting. Specifically, the certifications represented that the 2012 20-F did "not contain any untrue statement of a material fact or omit to state a material fact necessary to make the statements made, in light of the circumstances under which such statements were made, not misleading with respect to the period covered by this report." The certifications also stated that Barbassa and Foster have disclosed "[a]ll significant deficiencies and material weaknesses in the design or operation of internal control over financial reporting which are reasonably likely to adversely affect the Company's ability to record, process, summarize and report financial information" and "[a]ny fraud, whether or not material, that involves management or other employees who have a significant role in the Company's internal control over financial reporting."

48. In addition, the 2012 20-F stated that the management "has not identified any change in its internal control over financial reporting during the fiscal year ended December 31, 2012, that has materially affected or is reasonably likely to materially affect its internal control over financial reporting."

49. The 2012 20-F incorporated the Code, available on the Company's corporate website and stated that the Code "is applicable to all employees, executive officers and the board of directors." The 2012 20-F represented that in 2008, the Company's executive officers "further developed our ethics management through the creation of the "Petrobras Ethics Commission" which is "responsible for promoting corporate compliance with ethical principles."

50. These statements were materially false and misleading because the money laundering and bribery scheme that was ongoing in 2012 was in violation of the Code, which stated that the Company's employees, executive officers and members of the board of directors were to "refuse any corrupt and bribery practices, keeping formal procedures for control and consequences of any transgressions."

51. The 2012 20-F represented that the Company's PP&E amounted to $204.9 billion at the end of 2012 and the Company "invested a total of U.S. $3,435 million in our refineries, of which U.S. $2,581 million was invested for hydrotreating units to improve the quality of our diesel and gasoline and U.S. $419 million for coking units to convert heavy oil into lighter products." The Company also represented that the "most important tangible assets are wells, platforms, refining facilities, pipelines, vessels and other transportation assets, and power plants."

52. Further, the 2012 20-F represented that PP&E "are measured at the cost to acquire or construct, including all costs necessary to bring the asset to working condition for its intended use, adjusted during hyperinflationary periods, as well as by the present value of the estimated cost of dismantling and removing the asset and restoring the site and reduced by accumulated depreciation and impairment losses." Also, the 2012 20-F represented that "costs incurred in connection with the exploration, appraisal, development and production of oil and gas are

accounted for using the successful efforts method of accounting" which includes the "[c]osts related to the construction, installation and completion of infrastructure facilities, such as platforms, pipelines, drilling of development wells and other related costs incurred in connection with the development of proved reserve areas and successful exploratory wells are capitalized within property, plant and equipment."

53. These statements were false and misleading because the Company failed to disclose that the true value of the Company's PP&E and investments in refineries were adversely impacted by illegal activities that inflated the value of numerous construction contracts related to Petrobras's refineries and operations.

Form 20-F for Year Ended December 31, 2013

54. On April 30, 2014, after the market closed, the Company filed an annual report for the year ended December 31, 2013 on a Form 20-F with the SEC (the "2013 20-F"), which was signed by Barbassa and Foster, and reiterated the Company's previously announced financial results and financial position. In addition, the 2013 20-F contained signed certifications pursuant to SOX by Barbassa and Foster, stating that the financial information contained in the 2013 20-F was accurate and disclosed any material changes to the Company's internal control over financial reporting. Specifically, the certifications represented that the Form 20-F did "not contain any untrue statement of a material fact or omit to state a material fact necessary to make the statements made, in light of the circumstances under which such statements were made, not misleading with respect to the period covered by this report." The certifications also stated that Foster and Barbassa have disclosed "[a]ll significant deficiencies and material weaknesses in the design or operation of internal control over financial reporting which are reasonably likely to adversely affect the Company's ability to record, process, summarize and report financial

information" and "[a]ny fraud, whether or not material, that involves management or other employees who have a significant role in the Company's internal control over financial reporting."

55. In addition, the 2013 20-F stated that the management "has not identified any change in its internal control over financial reporting during the fiscal year ended December 31, 2013, that has materially affected or is reasonably likely to materially affect its internal control over financial reporting."

56. The 2013 20-F incorporated the Code, available on the Company's corporate website and stated that the Code "is applicable to our workforce, executive offices and the board of directors." The 2012 20-F represented that in 2008, the Company's executive officers "further developed our ethics management through the creation of the Petrobras Ethics Commission" which is "responsible for promoting corporate compliance with ethical principles."

57. These statements were materially false and misleading because the money laundering and bribery scheme that was ongoing in 2013 was in violation of the Code, which stated that the Company's employees, executive officers and members of the board of directors were to "refuse any corrupt and bribery practices, keeping formal procedures for control and consequences of any transgressions."

58. The 2013 20-F represented that the Company's PP&E amounted to $227.9 billion at the end of 2013 and the Company "invested a total of U.S. $3,162 million in our refineries, of which U.S. $2,512 million was invested for hydrotreating units to improve the quality of our diesel and gasoline and U.S. $174 million for coking units to convert heavy oil into lighter products." The Company also represented that the "most important tangible assets are wells,

platforms, refining facilities, pipelines, vessels and other transportation assets, power plants as well as fertilizers and biodiesels plants."

59. Further, the 2013 20-F represented that PP&E "are measured at the cost to acquire or construct, including all costs necessary to bring the asset to working condition for its intended use, adjusted during hyperinflationary periods, as well as by the present value of the estimated cost of dismantling and removing the asset and restoring the site and reduced by accumulated depreciation and impairment losses." Also, the 2013 20-F represented that "costs incurred in connection with the exploration, appraisal, development and production of oil and gas are accounted for using the successful efforts method of accounting" which includes the "[c]osts related to the construction, installation and completion of infrastructure facilities, such as platforms, pipelines, drilling of development wells and other related costs incurred in connection with the development of proved reserve areas and successful exploratory wells are capitalized within property, plant and equipment."

60. These statements were false and misleading because the Company failed to disclose that the true value of the Company's PP&E and investments in refineries were adversely impacted by illegal activities that inflated the value of numerous construction contracts related to Petrobras's refineries and operations.

61. The 2013 20-F represented that the Company had established ad hoc internal commissions "to evaluate our compliance with applicable regulations" and the "scope of each internal commission is established by our management." Significantly, the 2013 20-F represented that on "March 31, 2014, our internal commission established to evaluate bribery allegations involving SBM Offshore confirmed that it found no internal evidence to support such allegations."

The Congressional Hearing

62. On May 27, 2014, fifteen days before Foster testified on June 11, 2014 before a congressional investigation committee, the Comissão Parlamentar de Inquérito ("CPI"), Petrobras received a letter from SBM warning the Company that Netherland's Public Ministry was inquiring into bribery payments by SBM to Petrobras's employees.[6] Notwithstanding that knowledge, Foster falsely represented to the CPI and to the investing public in her testimony on June 11, 2014, that no irregularities were discovered, even though "she knew about several evidences of irregularities"[7] prior to her testimony on June 11, 2014.

63. The statements referenced in ¶¶ 28-30; 32-33; 35-37; 39; 41-43; 45; 47-49; 51-52; 54-56; 58-59; and 61-62 above were materially false and/or misleading because Petrobras misrepresented and failed to disclose the following adverse facts, which were known to Petrobras and its senior executives, including Costa and Duque, or recklessly disregarded by them, including that: (i) the Company was overcharging its property, plants and equipment on its balance sheet by overpricing contracts to certain companies relating to its refineries and operations and accepting kickbacks from construction companies approved for those contracts; (ii) the Company was receiving multi-billion dollar bribes from third party contractors to secure contracts from Petrobras; (iii) the Company was in violation of its own Code of Ethics as its employees and executives were routinely accepting bribes from certain construction companies; (iv) the Company's internal controls were ineffective and deficient; and (v) the Company was aware of irregularities in connection with bribes from third party contractors as Foster had knowledge that Netherland's Public Ministry was inquiring into bribery payments by SBM to

---

[6] *Opposition Party Demands Graca Foster's Immediate Withdraw From Petrobras's Presidency*, FOLHA DE S.PAULO, Nov. 20, 2014.
[7] *Id.*

Petrobras's employees.

VI. THE TRUTH SLOWLY EMERGES

64. By September 7, 2014, certain facts with respect to the corruption at Petrobras became publicly known by virtue of Costa's arrest and a Brazilian criminal investigation. Indeed, on September 7, 2014, after the market closed, *Bloomberg News* reported that information was being leaked "to local media from a police investigation into alleged kickbacks involving [Petrobras] in an attempt to alter the results of the October national election."[8] The article cites a Brazilian magazine, Veja, which reported that Costa revealed "a group of politicians, including members and allies of Rousseff's Workers' Party" had accepted bribes linked to Petrobras contracts.

65. On the news that the bribes paid to Brazilian politicians had been linked to Petrobras contracts,[9] Petrobras's ADSs declined $1.03 per ADS or more than 5%, to close at $18.35 per ADS on September 8, 2014.

66. On September 8, 2014, after the market closed, Petrobras acknowledged the corruption at the Company by issuing a statement concerning Costa's arrest and the federal criminal investigation. Specifically, Petrobras stated in relevant part, stated:

> It is in the best interests of the company's management to see the completion of all ongoing investigations. Any irregular acts that may have been committed by a person or group of people, whether or not they are company employees, do not represent the conduct of the Petrobras institution and its workforce.

67. On this statement by the Company, acknowledging the corruption, Petrobras's ADSs declined $0.52 per ADS or nearly 3%, to close at $17.83 per ADS on September 9, 2014.

68. On September 30, 2014, after the market closed, *Bloomberg News* published an

---

[8] Karen Eeuwens and Armaldo Galvao, *Rousseff Ally Says Petrobras Scandal Seeks to Derail Brazil Vote*, BLOOMBERG, Sept. 7, 2014.

[9] Dimitra DeFotis, *Petrobras Declines 2.7% On Brazil Bribery Allegations*, BARRON'S, Sept. 8, 2014.

article stating that Duque "stamped and signed at least 6.6 billion Brazilian reais ($2.7 billion) in contracts for the Abreu e Lima refinery" and recommended to Petrobras's executive board to approve the over-billed contracts in late 2009.[10] Further, Costa had revealed to prosecutors that "misappropriation of funds also existed in other divisions including the one Duque headed."[11]

69. On this news, Petrobras's ADSs declined $0.89 per ADS or more than 6%, to close at $13.30 per ADS on October 1, 2014.

70. On October 9, 2014, after the market closed, the Brazilian federal court released Costa's testimony. Costa testified that kickbacks were paid to members of the Workers' Party, the political party of the President of Brazil, Dilma Rousseff ("Rousseff"). According to an article by *The Wall Street Journal*, Costa "alleged that a certain percentage of contracts at the refining unit of Petrobras were to go to members of the Workers' Party."[12]

71. The release of Costa's testimony by the Brazilian federal court, as independently confirmed by TheStreet[13] caused Petrobras's ADSs to decline $1.15 per ADS or nearly 7%, closing at $15.62 per ADS on October 10, 2014.

72. On October 16, 2014, before the market opened, the Federal Court of Accounts ("TCU") published a report concluding that Petrobras will spend 60 percent more than originally budgeted at one of its refineries.[14] Specifically, the TCU concluded that Petrobras will pay $21.6

---

[10] Sabrina Valle and David Biller, *Probed Petrobras Contracts Reveal Other Signature*, BLOOMBERG, Sep. 30, 2014.
[11] *Id.*
[12] Will Connors, *Ex-Petrobras Executive Says Kickbacks Were Paid to Ruling Party's Officials*, WALL STREET JOURNAL, Oct. 9, 2014.
[13] Andrew Meola, *How Will Petrobras (PBR) Stock React to Former Executive's Allegations in Court?*, THESTREET, Oct. 10, 2014, available at http://www.thestreet.com/story/12909885/1/how-will-petrobras-pbr-stock-react-to-former-executives-allegations-in-court.html
[14] Anna Edgerton and Sabrina Valle, *Petrobras Accused of Recklessness by Audit Court on Overruns*, BLOOMBERG, Oct. 16, 2014.

billion to complete the Complexo Petroquimico do Rio de Janeiro ("Comperj") complex.[15] Comperj is an integrated refining and petrochemical complex that broke ground in 2008, began construction in 2010 and is scheduled to start up on 2015. The TCU found "discrepancies between different government agencies, as well as within different Petrobras divisions, over investments needed for Comperj."[16] Moreover, the TCU concluded that Petrobras's management had been "'reckless' with irregularities in the omission of technical analyses, overpaying for contracts and a lack of effective controls."[17] One member of the TCU commented that it was "investigating how the structure of Petrobras can undertake such a huge project in such a sloppy way."[18] The TCU found "irregularities in three contracts: two that were overpaid and one that was signed in an 'emergency' time-frame that didn't allow other companies to bid."[19]

73. On the release of the TCU's report, Petrobras's ADSs declined $1.05 per ADS or nearly 7%, to close at $14.50 per ADS on October 16, 2014.

74. On Saturday, October 18, 2014, during a news conference during the day, Rousseff admitted that there was embezzlement of public money in Petrobras and that the Brazilian government would seek reimbursement of any money illegally diverted from the Company.

75. As a result of the admission by Rousseff of embezzlement in the Company, Petrobras's ADSs declined $0.93 per ADS or more than 6%, to close at $14.00 per ADS on October 20, 2014.

---

[15] *Id.*
[16] *Id.*
[17] *Id.*
[18] *Id.*
[19] *Id.*

76. On October 20, 2014, after the market closed, *Bloomberg News* published a detailed article about the money laundering and bribery scheme. The article noted that Costa had admitted to investigators through his testimony on October 8, 2014, that for, at least, seven years, he and other Petrobras officials accepted bribes "from companies to whom Petrobras awarded inflated construction contracts" and "then used the money to bribe politicians through intermediaries to guarantee they would vote in line with the ruling party while enriching themselves."[20] The article further stated that Costa had admitted that he personally received tens of millions of dollars and called the bribes from the companies a "'three percent political adjustment.'" *Id.* Costa named several construction companies that was part of the cartel including Odebrecht and Camargo Correa S.A.[21]

77. The article continued that, as part of the criminal case against Costa, prosecutors emphasized that there was "evidence of fraud, overpricing and kickbacks" in, at least, seven contracts, including one contract for a 3.4 billion Brazilian reais coking unit and another contract for a 3.19 billion Brazilian reais hydro-treater and related units.[22] The contract for the coking unit was cited by prosecutors as evidence of overpricing and over-billing of as much as 446 million Brazilian reais.[23] Indeed, according to federal court documents reviewed by *Bloomberg News*, Costa and Duque signed off on the coking unit and hydro-teater contracts and then sent them to Petrobras's executive board where they were approved.[24] Moreover, in response to Costa implicating Duque in the bribery investigation related to RNEST, Duque responded that

[20] Sabrina Valle and Juan Pablo Spinetto, *Petrobras 'Human Bomb' Revelations Fixate Brazil as Vote Looms*, BLOOMBERG, Oct. 20, 2014.
[21] *Id.*
[22] *Id.*
[23] *Id.*
[24] *Id.*

the "final decision on all contracts is made collectively by directors and the CEO."[25]

78. The article also noted that Costa had implicated Youssef for creating fake import companies to launder the kickbacks.[26] Consequently, Youssef had revealed to prosecutors and police in his own testimony "how he laundered money overseas from overpriced Petrobras contracts and how he distributed money from construction companies, in cash, to politicians."[27]

79. As a result of the revelations in the article by *Bloomberg News*, Petrobras's ADSs declined $0.80 per ADS or nearly 6%, to close at $13.20 per ADS on October 21, 2014.

80. On October 27, 2014, before the market opened, the Company revealed that it had set up Internal Investigative Committees "to examine evidence or facts perpetrated against the company, as well as to assist administrative measures and resulting procedures."

81. On the disclosure of the creation of Internal Investigative Committees, Petrobras's ADSs declined $1.77 per ADS or nearly 14%, to close at $11.16 per ADS on October 27, 2014.

82. On Saturday, November 1, 2014, the Brazilian newspaper, *O Estado de Sao Paulo*, reported that Petrobras's auditor, PricewaterhouseCoopers ("PwC") had declined to sign off on the Company's third quarter financial results in light of the money-laundering and bribery investigations. Specifically, PwC refused to sign off on the financial results for one of Petrobras's subsidiaries, Transpetro as they were signed by Sergio Machado ("Machado"), the Petrobras executive implicated by Costa. PwC urged the Company to take action to dismiss Machado. On November 3, 2014, Machado agreed to take a 31-day unpaid leave of absence to curb PwC's protest.

83. The news that PwC refused to sign off on the Company's third quarter financial

---

[25] *Id.*
[26] *Id.*
[27] *Id.*

results, as independently confirmed by a news article[28], caused Petrobras's ADSs to decline $0.44 per ADS or nearly 4%, to close at $11.26 per ADS on Monday, November 3, 2014.

84. On Sunday, November 9, 2014, *The Financial Times* reported that the U.S. Department of Justice ("DOJ") had opened a criminal investigation on whether Petrobras or its employees were paid bribes and that the SEC had opened a civil investigation into the matter.[29] Specifically, *The Financial Times* reported that the DOJ and the SEC were investigating whether Petrobras or its employees, middlemen or contractors had violated the Foreign Corrupt Practices Act.[30]

85. On the reporting by various media outlets[31] that the DOJ and SEC had opened separate investigations into the bribery scandal, Petrobras's ADSs declined $0.28 per ADS or 2.5%, to close at $10.62 per ADS on November 10, 2014.

86. On November 13, 2014, after the market closed, the Company issued a press release acknowledging that if the allegations in Costa's testimony were true, they "could potentially impact the Company's financial statements." As a result, the Company delayed releasing the financial statements for the third quarter 2014 as it needs additional time to:

> (i) deeply analyze the investigation in course; (ii) adjust the Company based on the allegations of "Operacao Lava Jato;" and (iii) evaluate the need of improving governance control, the Company isn't ready to publish its balance sheet regarding the third quarter of 2014 on this date.

87. On November 14, 2014, it was reported in various media outlets during the day, that the Brazilian police issued 27 arrest warrants and arrested 18 individuals including Duque

---

28 Johanna Bennett, *Brazil Withers From Petrobras, Rate Hike*, BARRON'S, Nov. 3, 2014.

29 Kara Scannell and Joe Leahy, *US Turns Up Heat With Criminal Investigation Into Petrobras*, FIN. TIMES, Nov. 9, 2014.

30 *Id.*

31 Amanda Schiavo, *Petrobras (PBR) Stock Lower Today Amid U.S. Investigation*, THESTREET, Nov. 10, 2014, available at http://www.thestreet.com/story/12947524/1/petrobras-pbr-stock-lower-today-amid-us-investigation.html.

and Erton Medeiros Fonseca ("Fonseca"), a director of engineering and infrastructure at Galvão Engenharia S.A.[32] Also, one of Petrobras's contractors, Odebrecht, confirmed that "its offices in Rio de Janeiro had been searched and documents seized."[33]

88. On the news of the arrests, Petrobras's ADSs declined $0.25 per ADS or nearly 2.5%, to close at $9.95 per ADS on November 14, 2014.

89. On November 17, 2014, before the market opened, the Company had a conference call to discuss its third quarter 2014 guidance. During the call, Foster noted that if Costa's accusations are true, they could potentially affect and "may lead to possible adjustment in the financial statements of" Petrobras. Foster revealed that the Company had been implementing "governance and management processes between 2012 and 2014." Accordingly, the Company's board of directors approved the creation of a compliance department.

90. During the Q&A session, an analyst asked assuming the "accusations of surcharge or overcharge are confirmed," what kind of accounting adjustments would need to be made in the Company's financial statements and what main line items would be impacted assuming "BRL 5 billion were overpriced in the construction of RNEST." Barbassa replied that the adjustments would be to the fair price of PP&E. If the allegations are true, Barbassa said there would be an "overpayment, payment above what would be a fair value for a good or service. In this case, this value should be removed from PP&E line item, invested value and should be taken to the results." In determining fair value, Barbassa elaborated that the Company would need to deduct from PP&E "the amount that could be linked to bribery of any sort, any accepted price that would have been charged."

---

[32] Stephen Eisenhammer, *Petrobras Ex-Director Arrested, Shares Sink Amid Graft Scandal*, REUTERS, Nov. 14, 2014.
[33] *Id.*

91. Later in the day, Foster confirmed that SBM bribed Petrobras employees to win contracts. Foster stated that due to the "overwhelming evidence of noncompliance," SBM "will no longer be eligible to bid for further contracts with Petrobras."[34] Moreover, Foster admitted the following: "We [were] informed in the past that we had identified no irregularities at this matter. After a few weeks or months, I was informed that there were indeed bribes to employees or former employees of Petrobras." Jose Formigli, Petrobras's Head of Exploration and Production, also revealed the following:

> The CEO received a call and a letter where SBM said it had been told of credits to accounts in Switzerland by Public Prosecution in the Netherlands. This is overwhelming evidence outright – it's the company's own admission that it was aware of [the bribery].[35]

92. As a result of the Company's conference call and revelation of SBM bribing Petrobras's employees, Petrobras's ADSs declined $0.62 per ADS or 6%, to close at $9.33 per ADS on November 17, 2014.

93. Since the arrests, Brazilian Federal Police had obtained a confession from Fonseca that "he paid roughly 4 million Brazilian reais ($1.5 million) in bribes in order to win contracts from Petrobras."[36] At least some of those contracts included projects at Petrobras's RNEST. As part of Fonseca's confession, he revealed to the Brazilian Federal Police that he met Costa and a congressman in a meeting in 2010. The congressman told Fonseca "that to be able to win contracts, he would have to pay."[37] Another contractor who was arrested on November

[34] Isabella Vieira, *Petrobras CEO Admits SBM Offshore Bribed Officials*, AGENCIA BRASIL, Nov. 18, 2014.
[35] *Id.*
[36] Paul Kiernan, *Executive Says He Paid Bribes to Win Petrobras Contracts*, WALL STREET JOURNAL, Nov. 18, 2014.
[37] *Id.*

14, 2014 had confessed that "he paid $19 million and $23 million in bribes to Renato Duque."[38]

94. On November 20, 2014, it was reported in various media outlets that a request was made to the Brazilian Prosecutor's Office in the Federal District and the Public Prosecutor at the Federal Audit Court for the immediate dismissal of Foster as the CEO of Petrobras and to establish a criminal inquiry into the matter. According to a news article, the request argued that Foster did not testify truthfully herself when she testified at a hearing on June 11, 2014 before a congressional investigation committee looking into the scandal, the Comissão Parlamentar de Inquérito.[39] Specifically, Foster testified falsely that Petrobras didn't receive any warning from Netherland's authorities concerning bribery payments by SBM to Petrobras's employees.[40]

95. On November 24, 2014, a similar article in a Brazilian newspaper reported that at the June 11, 2014 hearing, Foster was asked if Petrobras had identified any evidence of payments amounting to $139 million to Petrobras employees or executives by SBM.[41] Foster answered that the Company's internal committee "did not identify, within its activities and scope, payments of any benefits to any of our employees."[42] Next, Foster was asked whether Petrobras already knew about the suspicion of bribery to Petrobras employees since 2012.[43] Foster answered, "I do not confirm this information."[44]

96. On the news of Foster's testimony to the Comissão Parlamentar de Inquérito, Petrobras's ADSs declined $0.34 per ADS or 3%, to close at $10.50 per ADS on November 24,

---

[38] Isabella Vieira, *Petrobras CEO Admits SBM Offshore Bribed Officials*, AGENCIA BRASIL, Nov. 18, 2014.

[39] *Opposition Party Demands Graca Foster's Immediate Withdraw From Petrobras's Presidency*, FOLHA DE S.PAULO, Nov. 20, 2014.

[40] *Id.*

[41] Priscilla Mendes, *Member Complains Against Grace Foster for Perjury*, GLOBO, Nov. 26, 2014.

[42] *Id.*

[43] *Id.*

[44] *Id.*

2014.

VII. SCIENTER ALLEGATIONS

97. Costa who was a senior executive at the Company has been arrested on corruption charges and placed in house arrest pending the criminal investigations by Brazilian authorities for his active participation in the money laundering and bribery scheme. Likewise, another senior executive, Duque has been arrested on similar corruption charges for his active participation in the money laundering and bribery scheme. Costa and Duque were senior officers of Petrobras. Their knowledge of the fraud is attributable to the Company for purposes of assessing the Company's scienter. Significantly, Foster was fully aware by May 27, 2014 that SBM officials were bribing employees of Petrobras to guarantee winning certain contracts. Foster's knowledge preceded her June 11, 2014 testimony to the CPI in which Foster testified (falsely) that Petrobras did not receive any warning or notice from authorities in the Netherlands that they were investigating bribery allegations with respect to SBM.

VIII. LOSS CAUSATION

98. During the Class Period, as detailed herein, Defendant engaged in a scheme to deceive the market, and a course of conduct that artificially inflated the prices of Petrobras's ADSs, which operated as a fraud or deceit on Class Period purchasers of Petrobras's ADSs by failing to disclose, and misrepresenting, the adverse facts detailed herein. When Defendant's prior misrepresentations and fraudulent conduct were disclosed, or materialized, and became apparent to the market, the price of Petrobras's ADSs fell precipitously. As a result of their purchases of Petrobras's ADSs during the Class Period, Plaintiff and the other Class members suffered economic loss, i.e., damages, under the federal securities laws.

99. By failing to disclose to investors the adverse facts detailed herein, Defendant presented a misleading picture of Petrobras's business and prospects, financial position, and

results of operations. Defendant's false and misleading statements caused Petrobras's ADSs to trade at artificially inflated levels throughout the Class Period.

100. The decline in value of Petrobras's ADSs was a direct result of the nature and extent of Defendant's fraud finally being revealed to investors and the market. The timing and magnitude of the price decline of Petrobras's ADSs negates any inference that the loss suffered by Plaintiff and the other Class members was caused by changed market conditions, macroeconomic or industry factors or Company-specific facts unrelated to Defendant's fraudulent conduct. The economic loss, i.e., damages, suffered by Plaintiff and the other Class members was a direct result of Defendant's fraudulent scheme and caused the subsequent significant decline in the value of Petrobras's ADSs when Defendant's prior misrepresentations and other fraudulent conduct were revealed.

IX. INAPPLICABILITY OF STATUTORY SAFE HARBOR

101. The statutory safe harbor provided for forward-looking statements under certain circumstances under the Private Securities Litigation Reform Act of 1995 does not apply to any of the allegedly false or misleading statements set forth in this Complaint. The statements alleged to be false or misleading herein relate to then-existing facts and conditions with respect to Petrobras which were not fully, fairly, or adequately disclosed. In addition, to the extent certain of the statements alleged to be false or misleading may be characterized as forward-looking, they were not adequately identified as "forward-looking statements" when made, and there were no adequate, meaningful cautionary statements identifying relevant important factors that could cause actual results to differ materially from those in the purportedly forward-looking statements. Cautionary language must truthfully address specific risks, must exhaust the capacity of the positive false statements to mislead investors, and must disclose, as Defendant failed to do here, then existing adverse facts. Alternatively, to the extent that the statutory safe

harbor is intended, to or does, apply to any forward-looking statements pleaded herein, Defendant is liable for those false forward-looking statements because at the time each of those forward-looking statements was made, Defendant had actual knowledge that the particular forward-looking statement was materially false or misleading. In addition, to the extent any of the statements set forth above were accurate when made, they became inaccurate or misleading because of subsequent events, and Defendant failed to update those statements which later became inaccurate.

102. The statutory safe harbor provided for forward-looking statements under certain circumstances, moreover, does not apply to false statements or material omissions of existing facts.

103. Additionally, the safe harbor is statutorily inapplicable to the false, misleading, and incomplete annual financial statements of Petrobras since they were reportedly prepared in accordance with generally accepted accounting principles.

X. APPLICABILITY OF PRESUMPTION OF RELIANCE: FRAUD ON THE MARKET

104. Plaintiff is entitled to a presumption of reliance because the claims asserted herein against Defendant is predicated, in part, upon false statements of material fact and/or the omission to state material facts necessary in order to make the statements made, in the light of the circumstances under which they were made, not misleading, that Defendant had a duty to disclose.

105. At all relevant times, market for Petrobras's ADSs was an efficient market that promptly digested current information with respect to the Company from all publicly-available sources and reflected such information in the prices of the Company's ADSs.

106. The market for Petrobras's ADSs was efficient because, inter alia, throughout the

Class Period:

a. Petrobras's ADSs met the requirements for listing, and were listed and actively traded on the NYSE, a highly efficient and automated market;

b. During the Class Period, there were approximately 768 million Petrobras's ADSs outstanding; millions of shares of Petrobras's ADSs were traded on the NYSE; with trading in excess of a million shares a day on the vast majority of days during the Class Period;

c. As a regulated issuer, Petrobras filed periodic public reports with the SEC and the NYSE;

d. Petrobras regularly communicated with public investors via established market communication mechanisms, including regular disseminations of press releases on the national circuits of major newswire services and other wide-ranging public disclosures, such as quarterly conference calls with investors, communications with the financial press and other similar reporting services, as well as presentations at various industry and market symposia and conferences; and

e. Securities analysts followed and published research reports regarding Petrobras that were publicly available to investors. Each analyst wrote reports about Petrobras that were distributed to the sales force and available to customers of their respective brokerage firms. These reports were publicly available and entered the public marketplace.

107. Throughout the Class Period, Petrobras was consistently followed by the market, including securities analysts as well as the business press. The market relies upon the

Company's financial results and management to accurately present the Company's financial results. During this period, Petrobras continued to pump materially false and misleading information into the marketplace regarding the financial condition of the Company. This information was promptly reviewed and analyzed by the ratings agencies, analysts and institutional investors and assimilated into the price of the Company's ADSs.

108. As a result of the misconduct alleged herein (including Defendant's misstatements and omissions of material facts), the market for Petrobras's ADSs was artificially inflated. Under such circumstances, the presumption of reliance available under the "fraud-on-the market" theory applies. Thus, Class members are presumed to have indirectly relied upon the misrepresentations and omissions of material facts for which Defendant is responsible.

109. Plaintiff and other Class members justifiably relied on the integrity of the market price for the Company's ADSs and were substantially damaged as a direct and proximate result of their purchases of Petrobras's ADSs at artificially inflated prices and the subsequent decline in the price of the ADSs when the truth was intermittently disclosed.

110. The market for Petrobras's ADSs promptly digested current information regarding Petrobras from all publicly available sources and reflected such information in Petrobras's ADSs price. Under these circumstances, all purchasers of Petrobras's ADSs during the Class Period suffered similar injury through their purchase of shares at artificially inflated prices and a presumption of reliance applies.

XI. CLAIM FOR RELIEF

I
(Against Defendant)

Violation of Section 10(b) of the Exchange Act and Rule 10b-5 Promulgated Thereunder

111. Plaintiff repeats and realleges each and every allegation above as if fully set forth

herein.

112. Throughout the Class Period, Petrobras, directly or indirectly, engaged in a common plan, scheme and continuing course of conduct described herein, pursuant to which it knowingly or recklessly engaged in acts, transactions, practices and a course of business which operated as a fraud upon Plaintiff and the other members of the Class; made various false statements of material facts and omitted to state material facts necessary in order to make the statements made, in the light of the circumstances under which they were made, not misleading to Plaintiff and the other members of the Class; and employed manipulative or deceptive devices and contrivances in connection with the purchase and sale of Petrobras's ADSs.

113. The purpose and effect of Petrobras's plan, scheme and course of conduct were to artificially inflate the price of Petrobras's ADSs and to artificially maintain the market price of Petrobras's ADSs.

114. Petrobras had actual knowledge of the material omissions and/or the falsity of the material statements set forth above, and intended to deceive Plaintiff and the other members of the Class, or, in the alternative, acted with severely reckless disregard for the truth when it failed to ascertain and disclose the true facts in the statements made by it to members of the investing public, including Plaintiff and the Class, and the securities analysts.

115. As a result of the foregoing, the market price of Petrobras's ADSs was artificially inflated during the Class Period. In ignorance of the falsity of Petrobras's statements concerning the Company's financial statements and operations, Plaintiff and the other members of the Class relied, to their damage, on the statements described above and/or the integrity of the market price of Petrobras's ADSs during the Class Period in purchasing Petrobras's ADSs at prices which were artificially inflated as a result of the Defendant's false and misleading statements.

116. Petrobras's concealment of this material information served only to harm Plaintiff and the other members of the Class who purchased Petrobras's ADSs in ignorance of the financial risk to them as a result of such nondisclosures.

117. As a result of the wrongful conduct alleged herein, when the truth concerning Petrobras's false statements and omissions was revealed to the investing public and the artificial inflation in the price of Petrobras's ADSs was, as a result, reduced and ultimately removed, in a series of corrective disclosures and/or the materialization of the concealed risks, Petrobras's ADSs price fell significantly and Plaintiff and other members of the Class suffered damages in an amount to be established at trial.

118. By reason of the foregoing, Petrobras has violated Section 10(b) of the Exchange Act and Rule 10b-5 promulgated thereunder, and is liable to the Plaintiff and the other members of the Class for substantial damages that they suffered in connection with their purchase of Petrobras's ADSs during the Class Period.

XII. PRAYER FOR RELIEF

WHEREFORE, Plaintiff prays for relief and judgment, as follows:

A. Determining that this action is properly maintainable as a class action pursuant to Rule 23 of the Federal Rules of Civil Procedure;

B. Certifying Plaintiff as the "Class Representative" and his counsel as "Class Counsel";

C. Declaring and determining that Defendant violated the federal securities laws by reason of their conduct as alleged herein;

D. Awarding monetary damages against Defendant in favor of Plaintiff and the other members of the Class for all losses and damages suffered as a result of the acts and transactions

complained of herein, together with prejudgment interest from the date of the wrongs to the date of the judgment herein;

E. Awarding Plaintiff and the Class their reasonable costs and expenses incurred in this action, including counsel fees and expert fees; and

F. Granting prejudgment interest and such other and further relief as deemed appropriate by the Court.

XIII. JURY TRIAL DEMANDED

Plaintiff hereby demands a trial by jury in this action of all issues so triable.

Dated: December 8, 2014

WOLF POPPER LLP

Lester L. Levy
Robert C. Finkel
Chet B. Waldman
Fei-Lu Qian
845 Third Avenue
New York, NY 10022
Tel: (212) 759-4600
Fax: (212) 486-2093
rfinkel@wolfpopper.com
fqian@wolfpopper.com

Attorneys for Plaintiff

Mecanismos legais de proteção a investidores no mercado de capitais dos EUA

André de Almeida
Chet B. Waldman
Emily Madoff
Natalie Yoshida

A finalidade deste artigo é retratar como os mercados de valores mobiliários nos EUA são regulados, a fim de familiarizar os investidores brasileiros e seus advogados com as ações disponíveis de proteção para os seus investimentos nos EUA.

1. INTRODUÇÃO

Nesta introdução, compararemos brevemente a tradição e a evolução dos mercados de valores brasileiros e norte-americano. Adicionalmente, analisaremos as normas americanas mais relevantes sobre o tema, bem como as medidas judiciais disponíveis para os investidores prejudicados nos EUA, trazendo, por fim, um breve descritivo das leis brasileiras correlatas ao tema.

Os investimentos nos mercados financeiros dos EUA estão protegidos por leis Federais, executadas por órgãos do governo (principalmente, a SEC - Securities and Exchange Commission) e/ou por investidores privados. Além da legislação Federal, cada um dos Estados individualmente considerados têm leis que visam à proteção dos investidores.

Na primeira fase do mercado financeiro americano, quando ocorria o seu desenvolvimento inicial, os investidores só podiam contar com as leis estaduais se eles fossem defraudados ou prejudicados por empresas que comercializavam papéis nas bolsas de valores norte-americanas.

No entanto, no rescaldo da histórica queda da bolsa de valores de Nova York de 1929, seguida da Grande Depressão, o Congresso dos EUA, competente para legislar em âmbito Federal, aprovou novas leis para proteção dos investidores contra fraudes e ofertas de mercado.

Já no Brasil, antes da década de 1960, os investidores normalmente se concentravam em acervos imobiliários a fim de evitar investimentos em empresas públicas ou privadas. Isto porque, naquela época, a inflação era extremamente elevada e havia regras que fixavam a taxa de juros máxima em 12% aa, fatores que contribuíram para limitar a evolução dos mercados de valores mobiliários brasileiros.

Tal situação começou a mudar em abril de 1964, quando o governo Federal lançou um programa com mudanças profundas no sistema econômico nacional, incluindo a reestruturação dos mercados financeiros. Naquela ocasião, muitas leis foram promulgadas, entre outras, a lei 4.537/64, que criou um fator de correção monetária; a lei 4.595/64, que reestruturou o sistema de intermediação financeira e criou o Banco Central do Brasil; e, principalmente, a lei 4.728/65, a primeira lei de valores mobiliários que regulou esse mercado e estabeleceu diretrizes para o seu desenvolvimento.

Com a aprovação destas normas houve muitas mudanças estruturais no mercado de ações brasileiro, tais como a reformulação da legislação sobre as bolsas de valores, a criação de bancos de investimentos e a profissionalização da corretagem.

Todo este novo arcabouço jurídico gerou um aumento dos investimentos no mercado de valores mobiliários brasileiros e, juntamente com vários benefícios fiscais concedidos pelo governo Federal, produziu um rápido crescimento na demanda por ações. Contudo, as ofertas de venda de ações permaneciam nos mesmos patamares. Logicamente, este descompasso entre demanda e oferta acabou por aumentar a especulação e, consequentemente, os preços das ações.

Foi então que, em julho de 1971, alguns investidores mais sofisticados começaram a vender suas ações, movimento que coincidiu com novas ofertas de ações. As consequências deste *boom* foram sofridas durante vários anos de depressão econômica, quando as ações de muitas empresas, devido ao seu baixíssimo valor, provaram ser pouco valiosas, gerando prejuízos para os investidores e uma desconfiança geral no mercado.

Esses anos de depressão econômica foram seguidos por várias tentativas do governo de regular diretamente o mercado de valores mobiliários. Muitos foram os incentivos a investimentos, quer por meio da isenção fiscal de ganhos obtidos em bolsa e pela dedutibilidade dos investimentos do imposto de renda, quer por meio de concessões de linhas de financiamentos através do BNDES.

Desde a década de 1990, com a abertura da economia brasileira aos mercados estrangeiros, o número de investidores estrangeiros tem aumentado significativamente. Além disso, as empresas brasileiras começaram a ter acesso aos mercados estrangeiros, listando suas ações em outras bolsas de valores, principalmente na bolsa de valores de Nova York, sob a forma de ADR's - American Depositary Receipts.

Embora algumas normas brasileiras tenham se espelhado na regulação americana, a tradição de regulamentação do mercado de valores mobiliários foi significativamente diferente no Brasil e nos EUA. Certamente alguns fatores, como a intervenção do governo no mercado e a notória lentidão no sistema judiciário brasileiro, fizeram com que os mercados funcionassem de maneira distinta.

2. LEIS RELATIVAS A INVESTIMENTOS

As leis norte-americanas relativas a investimentos em títulos são bem desenvolvidas, complexas e baseadas em uma filosofia de publicidade, que protege a integridade dos mercados financeiros ao exigir dos emissores e dos ofertantes de ações plena divulgação de todas as informações relevantes, propiciando tomadas de decisões conscientes por parte dos investidores.

No âmbito federal, a Securities Act de 1933[1] (lei que regula os valores mobiliários) e a Securities Exchange Act de 1934[2] (lei do mercado de capitais), são as leis mais severas no que tange aos investidores norte-americanos contra fraudes, declarações falsas e enganosas, e/ou a falta de divulgação de informações[3] relevantes.

Com empresas públicas levantando bilhões de dólares anualmente através da emissão de títulos no mercado primário, a Securities Act, lei que regula estas emissões primárias (também conhecidas como "Oferta Pública Inicial" ou "IPO") e as ofertas subsequentes de valores mobiliários, ocupa lugar fundamental no ordenamento jurídico dos EUA juntamente com o Exchange Act, regulamento que, por sua vez, encarrega-se de regular o comércio secundário desses títulos no mercado (como por exemplo nas operações que as instituições financeiras executam para seus clientes investidores).

A Securities Act estabelece uma política de transparência, exigindo que qualquer oferta ou venda de valores mobiliários

---

[1] 15 USC . § 77a, et seq.

[2] 15 USC. § 78a, et seq.

[3] Existem outras leis que também merecem ser consideradas, como por exemplo, o Investment Company Act de 1940, que regula a organização das empresas, incluindo fundos mútuos e o Investment Advisers Act de 1940, que regula os investimentos dos consultores. Ainda, a Sarbanes-Oxley Act de 2002 determinou uma série de reformas para melhorar as práticas de governança corporativa e aprimorar as publicações financeiras, combatendo a fraude empresarial e financeira. O Dodd-Frank Wall Street Reform e Consumer Protection Act de 2010, resultado da recente turbulência nos mercados financeiros dos EUA, prepara-se para remodelar o sistema regulador dos EUA em uma série de áreas, como as classificações de crédito, a regulação de produtos financeiros, a governança corporativa, a publicidade e a transparência dos atos praticados no mercado financeiro americano.

seja registrada junto à SEC. Em geral, os formulários de registro exigem (i) uma descrição do patrimônio, do negócio da empresa e da garantia à venda ou à oferta, além de (ii) informações sobre a gestão da empresa e (iii) que as demonstrações financeiras sejam certificadas por auditores independentes. Aqui, é importante destacar que a SEC apenas exige que as informações fornecidas sejam precisas, mas não garante que tais informações assim o sejam. Desta forma, os investidores que compram títulos e sofrem perdas têm direito de ação contra as empresas que emitiram os títulos (e outras pessoas ou entidades envolvidas nas ofertas) se puderem provar que houve divulgação incompleta ou imprecisa de informações relevantes.

Aprofundando nossa análise sobre o Exchange Act, destacamos que este regulamento foi promulgado para forçar as empresas a divulgarem aos investidores informações essenciais para a tomada de suas decisões de investimento. Assim, o Exchange Act (i) exige que as empresas de capital aberto relatem periodicamente (anual e trimestralmente) certos pontos críticos (por exemplo, procuração para votar, ofertas públicas e outros eventos[4] relevantes); (ii) proíbe a fraude e estabelece penalidades para a prática de *insider trading* ("Insider trading" pode ser conceituado como o uso de informações privilegiadas por parte de pessoas que estão na estrutura da corporação e que tenham tido acesso a tais informações em virtude de seu cargo, realizando

---

[4] Um estudo mais aprofundado e extenso sobre as leis de valores mobiliários americanas e as publicações e arquivamentos necessários à sua análise detalhada estão além do escopo deste artigo. Para uma descrição mais abrangente das várias leis e formulários, incluindo os textos detalhados, consulte o site da SEC, ou contate a Wolf Popper LLP.

operações em benefício próprio); e (iii) garante aos investidores defraudados o direito de ação contra pessoas e empresas que praticaram *insider trading*.

Ainda, pode-se dizer que o sistema antifraude estabelecido pelo Exchange Act prevê todos os tipos de comportamento de má-fé, tais como declarações falsas e enganosas em registros e documentos da companhia, *insider trading* e casos de manipulação de mercado, tornando possível aos investidores, por meio de ação judicial, recuperar a inflação do preço das ações gerada por afirmação falsa, enganosa ou por falta de divulgação das informações relevantes por parte do emitente/ofertante. Há também a possibilidade de a SEC aplicar sanções aos participantes do mercado, tais como multas e outras penalidades, sempre com a finalidade de disciplinar os participantes do mercado que violarem as leis Federais de valores mobiliários.[5]

[5] Em 2010, a Suprema Corte dos EUA emitiu um parecer que limita a extensão da aplicação dos regulamentos federais sobre valores mobiliários. Em Morrison versus National Australia Bank LTD., __ EUA__, 130 S. Ct. 2869 (2010), o tribunal considerou que a reivindicação trazida por investidores estrangeiros contra empresa estrangeira com base em transações de valores mobiliários em países estrangeiros, não poderia ser julgada nos Estados Unidos ao abrigo dos dispositivos antifraude do Exchange Act. Morrison reiterou o "princípio de longa data que diz que a legislação do Congresso dos EUA foi concebida para ser aplicada apenas no âmbito da jurisdição territorial dos Estados Unidos." O tribunal argumentou que o foco do Exchange Act é "a compra e venda de valores mobiliários nos Estados Unidos." 130 S. Ct. 2877. O escopo desta decisão ainda está sendo desenvolvido nos tribunais federais. Veja, por exemplo, o caso Absolute Activist Value Master Fund Ltd. *versus* Ficeto, 2012 U.S. App. LEXIS 4258 (2d Cir. Mar. 1, 2012). Deve-se ressaltar, no entanto, que a decisão de Morrison não exclui necessariamente os investidores estrangeiros de processar nos tribunais dos Estados Unidos, particularmente quando os títulos são os de uma empresa listada na bolsa de valores dos EUA e negociados neste mercado.

Ao contrário do sistema jurídico brasileiro, nos EUA o modelo adotado é o do Common Law. Há leis e códigos, mas nem todas as normas estão escritas, haja vista que a maioria delas são desenvolvidas com base na jurisprudência dos tribunais. Mesmo nos casos em que existe uma lei específica, é comum haver opiniões judiciais que esclarecem o conteúdo e a forma de aplicação do texto legal em diferentes situações.

Para elucidar melhor essa característica, analisamos alguns exemplos de casos trazidos julgados de acordo com o Exchange Act, bem como os tipos de réus envolvidos: um fundo de pensão público iniciou uma ação por fraude de títulos da Motorola, Inc., e três de seus antigos executivos – *In re* Motorola Securities Litigation, processo 03 C 00287 (ND Ill). O caso envolveu alegações de declarações falsas e omissões pelos réus com relação ao financiamento da Telsim pela Motorola, uma empresa *start-up* de telecomunicações turca. Após da realização de estudos abrangentes que levaram quase quatro anos, alcançou-se um acordo extrajudicial no valor de US$ 190 milhões, três dias antes do início do julgamento, em abril de 2007.

Os investidores no maior complexo de fraudes, Bernard Madoff – aqueles comercializados pela Fairfield Greenwich Group (FGG), estão atualmente movendo uma ação contra FGG para recuperar seus investimentos na fraude perpetrada, e hoje amplamente divulgada, pelo famoso Bernard Madoff, Pacific west healthv Fairfield Greenwich Grp, 09-cv-0118 (VM) (S.D.N.Y.). O tribunal já emitiu um parecer sustentando a maioria das reivindicações feitas pelos demandantes contra a FGG, seus executivos e contadores, incluindo alegações de fraudes, violação do dever fiduciário, negligência grave, descumprimento contratual em benefício de terceiros, enriquecimento sem causa e auxílio na execução da fraude.

Há vários anos, dois casos foram julgados contra a Mattel, Inc. (o fabricante de alguns dos brinquedos mais conhecidos no mundo), principalmente em relação a declarações sobre a situação financeira da Mattel e a aquisição de uma empresa chamada The Learning Company, Inc. Um dos casos estava fundamentado no § 14 (a) do Exchange Act e sustentava que as informações transmitidas aos acionistas, a fim de que deliberassem sobre a aquisição, continham declarações falsas e enganosas, além de material omitindo informações importantes para os investidores, [Dusek *v* Mattel, Inc., CV-99-10864-MRP (CD Cal.)]. O segundo caso estava fundamentado no sistema antifraude do Exchange Act [§ 10 (b)]. Após uma fase contenciosa árdua, chegou-se a um acordo em ambos os casos na soma de US$ 122 milhões.

Um tipo diferente de caso de fraude é retratado na ação ajuizada na Flórida envolvendo Sunbeam Corporation, 98 8258-CIV Middlebrooks (SD Fl.). Embora a Sunbeam estivesse falida, os demandantes do caso conseguiram recuperar US$ 110 milhões da empresa de contabilidade que certificava os balanços da Sunbeam, Arthur Andersen, um dos maiores julgamentos já ocorridos envolvendo uma empresa de contabilidade, e US$ 31 milhões aos réus restantes.

Na hipótese de uma operação de fusão ou aquisição de empresas, é comum que os investidores acreditem ter recebido uma compensação insuficiente pela venda de suas ações. Além disso, diretores e gerentes frequentemente entram em conflitos de interesses, e a preocupação principal não é a de maximizar valores para os acionistas. Nesses casos, os acionistas podem intentar ações para obter, entre outras coisas, um preço justo por suas ações, ou até evitar que ocorram transações injustas. Estes tipos de pedidos são submetidos às leis de vários estados e não, via de regra, a leis federais (a menos que uma procuração para voto falsa e enganosa seja emitida em conexão com um voto da transação, hipótese em que o investidor pode optar por interpor uma ação no tribunal Federal alegando violação das disposições acerca das procurações para voto estabelecidas no Exchange Act).

Processos contra corretores de valores mobiliários movidos por seus clientes/investidores, lesados pelas condutas destes (como violação dos deveres profissionais ou fiduciários), também são regidos pelas leis estaduais. Esses tipos de casos são habitualmente regulados pelos acordos que os investidores individuais firmam com empresas de corretagem e que, geralmente, elegem a arbitragem como forma de solução de conflitos.

Diferentes tipos de casos podem ser levados para o tribunal por investidores contra a sua corretora, seu banco, sua empresa ou seus consultores dependendo da natureza do crédito e da natureza da relação entre estes investidores e o banco, corretora ou consultores. Por exemplo: muitos grandes investidores de fundos de pensão públicos moveram um processo contra a BNY Mellon e State Street Bank, banco que executava operações de câmbio. Nos processos alega-se em geral que os bancos repassavam as piores taxas e preços das operações para os seus clientes, como taxas que tinham sido comercializadas durante o dia, em vez da taxa de mercado no momento do negócio e, em seguida, embolsavam a diferença. As denúncias alegavam que essa conduta violava os deveres fiduciários assumidos pelos bancos perante seus clientes, além de infringir os contratos celebrados entre estes.

Ainda, casos regidos pela legislação estadual envolvendo fusões ou aquisições são muitas vezes interpostos de forma sumária. Isto porque, é comum que uma operação de fusão ou aquisição não tenha data de fechamento prevista (geralmente o que se tem são períodos compreendidos por semanas ou até meses).

Ocorre que os demandantes muitas vezes pleiteiam mudanças nos termos da transação que está com seu fechamento pendente, tais como aumento no preço da oferta ou redução de benefícios para "*insiders*" e divulgação de informação relevante adicional para os acionistas que votam sobre estas operações, para que possam tomar uma decisão.

Se os acionistas não tiverem êxito em modificar as condições da operação em tela, em vários estados o processo pode ainda prosseguir com "*demandantes tentando provar que os réus violaram os seus deveres fiduciários e agiram de má-fé na estruturação da transação*". Sob tais circunstâncias, os processos poderão demorar mais tempo para serem finalizados do que quando eles processados sumariamente.

Temos alguns exemplos simples deste tipo de litígio: No processo dos acionistas da Aramark Corporation, Consolidado C.A. 2117-N (Del. Ch.), um fundo de pensão público contestou uma transação na qual o diretor executivo da Aramark, o presidente do conselho de administração, outros membros da administração que controlavam cerca de 40% do total dos votos da companhia, juntamente com vários patrocinadores financeiros, tentaram comprar a saída (*buyout*) dos acionistas públicos da Aramark. Como resultado deste litígio, a proposta de aquisição das ações inicial foi aumentada por um benefício financeiro agregado aos acionistas públicos da Aramark no valor de US$ 222 milhões e os membros da administração da companhia concordaram em reduzir seu poder de voto a um décimo do que tinham, dando assim aos acionistas públicos o poder irrestrito de vetar as aquisições de ações, se assim desejarem. Em Rice versus Lafarge North America, Inc., Civil n º 268974-V (consolidado) (Circuit Court, Md.), um fundo contestou uma oferta feita em 2006, no valor de US$3 bilhões, pelo acionista majoritário da Lafarge North America, Inc. ("LNA") de $75 dólares por ação, alegando que esta seria manifestamente insuficiente para os acionistas públicos minoritários da LNA. Depois de expor suas reivindicações, os demandantes finalmente tiveram o caso resolvido quando o acionista majoritário da LNA alterou sua oferta para $85,50 dólares por ação, o que representou um aumento total de $383 milhões dólares para membros desta classe a partir do preço inicial contestado na justiça.

No Brasil, durante muito tempo, os mercados de capitais não puderam crescer em importância devido à falta de proteção aos acionistas públicos e à instabilidade dos regulamentos financeiros. Além disso, a falta de transparência na gestão e a ausência de mecanismos corporativos adequados para a supervisão da oferta de ações contribuíram para a desconfiança neste tipo de investimento e impactaram a percepção de risco dos investidores.

Na última década, temos assistido a algumas iniciativas institucionais e governamentais que visam à melhoria das práticas de governança corporativa nos regulamentos brasileiros.

Neste contexto, vale destacar a promulgação da lei 10.303/01, que cria a Comissão de Valores Mobiliários, entidade responsável por disciplinar, fiscalizar e desenvolver o mercado de valores mobiliários brasileiro. Vale ainda destacar as iniciativas regulamentares que classificaram as companhias em categorias diferentes, dependendo do nível de governança corporativa que cada um delas pratica, criando o chamado Novo Mercado, segmento de listagem com o mais elevado nível de governança corporativa. Em que pese estas importantes previsões legislativas, em termos de divulgação de informações, a regulamentação das operações com valores mobiliários no Brasil ainda está longe de ser o ideal.

Certamente uma das razões fundamentais da diferença entre o mercado financeiro brasileiro e americano está no fato de o dos EUA ser muito mais maduro que o que temos no Brasil. Este estágio menos desenvolvido, se comparado com o panorama norte-americano, está refletido no desenvolvimento das próprias normas de regulamentação do setor.

3. PROCEDIMENTOS PROCESSUAIS

Os casos federais envolvendo valores mobiliários nos EUA ajuizados por investidores privados são muitas vezes iniciados como ações coletivas. Em uma ação de classe, conhecida como ação coletiva no Brasil, a parte prejudicada pode ingressar com uma ação, supostamente representando todas as partes, ou seja, representando todas as outras pessoas com o mesmo problema. Por meio de um procedimento durante o processo conhecido como "certificação de classe", o chamado demandante procura demonstrar que muitos terceiros têm sido igualmente enganados pela empresa demandada e que é capaz de representar os interesses de todos os demais acionistas em situação semelhante no que diz respeito ao crédito em questão.

Os investidores também podem ajuizar ações relativas a valores mobiliários como ações individuais. Porém, devido à complexidade dessas ações, os investidores (privados ou fundos de pensões públicas) precisam ter perdas muito significativas, que compensem a propositura de uma ação. Estas ações individuais são muitas vezes ajuizadas concomitantemente com ações coletivas envolvendo os mesmos demandados.

O Private Securities Litigation Reform Act de 1995,[6] (o "PSLRA") alterou significativamente a forma como as ações privadas sobre valores mobiliários na esfera federal dos EUA são processadas. O PSLRA adota um procedimento elaborado para dar aos investidores, particularmente aqueles que mais afetados, um maior controle sobre a condução da ação coletiva. A legislação prevê a possibilidade de o Tribunal designar um "autor principal", membro ou membros da classe requerente, que este tribunal determine como o mais capacitado para representar os interesses de todos. A lei exige que o requerente que esteja propondo a ação coletiva de acordo com o Securities Act ou com o Exchange Act publique um aviso, no prazo de 20 dias da propositura da ação, informando aos demais membros de sua classe que todos dispõem de 60 dias para oferecer-se ao Tribunal como autor principal. Assim, a legislação cria a presunção de

[6] 15 USC. § 78u-4, et seq.

que o membro da classe que tem o "maior interesse financeiro na reparação pretendida pela classe" é o autor mais adequado para representar os demais.

Não há um limite exato de tempo que uma ação pode demorar para ser julgada em um caso submetidos às leis de valores mobiliários americanas (lembrando que podem terminar por acordo ou julgamento seguido de sentença). Alguns casos levam de 2 a 3 anos, enquanto outros levam quatro anos ou mais. O prazo de duração vai depender de muitos fatores, como a natureza do caso, os fatos, o tribunal, o juiz e as estratégias adotadas pelos advogados e seus clientes.

Nos casos envolvendo valores mobiliários nos EUA, ações coletivas especiais são geralmente tratadas com base em honorários de contingência, isto é, o demandante incorre em honorários advocatícios até que haja uma resolução do caso em benefício dos demandantes, além de honorários provenientes da recuperação (ou, se for o caso, dos valores pagos réus ou por suas seguradoras).

4. CONCLUSÃO

Ao contrário das normas brasileiras sobre mercados de capitais, as leis norte-americanas são extremamente mais complexas e detalhadas, sendo que um profundo conhecimento e um bom apoio jurídico são essenciais para o sucesso da reivindicação de um investidor.

Os Tribunais dos EUA estão mais familiarizados com este tipo de ação sofisticada, o que motiva a parte que sofreu os danos a buscar uma compensação justa. Como visto acima, os processos e a sistemática envolvidos nas ações norte-americanas são significativamente diferentes daqueles envolvidos em uma ação semelhante no Brasil. Assim, fatores de fundamental importância como leis bem desenvolvidas sobre investimentos de mercado de capital e a familiaridade dos Tribunais dos EUA com estas ações complexas constituem incentivos cruciais para o investidor buscar o seu ressarcimento nos EUA por perdas injustas relacionadas a seus investimentos.